Richelieu

FUNDAÇÃO EDITORA DA UNESP

Presidente do Conselho Curador
Mário Sérgio Vasconcelos

Diretor-Presidente
Jézio Hernani Bomfim Gutierre

Superintendente Administrativo e Financeiro
William de Souza Agostinho

Conselho Editorial Acadêmico
Danilo Rothberg
Luis Fernando Ayerbe
Marcelo Takeshi Yamashita
Maria Cristina Pereira Lima
Milton Terumitsu Sogabe
Newton La Scala Júnior
Pedro Angelo Pagni
Renata Junqueira de Souza
Sandra Aparecida Ferreira
Valéria dos Santos Guimarães

Editores-Adjuntos
Anderson Nobara
Leandro Rodrigues

ROSARIO ROMEO

Richelieu
Nas origens da Europa moderna

Organização e introdução
Guido Pescosolido

Tradução
Silvia Massimini Felix

editora
unesp

Este livro foi publicado originalmente na Itália pela Donzelli Editore, sob
o título *Richelieu: Alle origini dell'Europa moderna*
© 2018 Donzelli Editore
© 2021 Editora Unesp

Direitos de publicação reservados à:

Fundação Editora da Unesp (FEU)
Praça da Sé, 108
01001-900 – São Paulo – SP
Tel.: (0xx11) 3242-7171
Fax: (0xx11) 3242-7172
www.editoraunesp.com.br
www.livrariaunesp.com.br
atendimento.editora@unesp.br

Dados Internacionais de Catalogação na Publicação (CIP) de acordo com ISBD
Elaborado por Vagner Rodolfo da Silva – CRB-8/9410

R763r

Romeo, Rosario
    Richelieu: nas origens da Europa moderna / Rosario Romeo; organizado por Guido Pescosolido; traduzido por Silvia Massimini Felix. – São Paulo: Editora Unesp, 2021.

    Tradução de: *Richelieu. Alle origini dell'Europa moderna*
    Inclui bibliografia.
    ISBN 978-65-5711-048-5

    1. História. 2. Período Moderno. 3. Século XVII. 4. História da França. 5. Igreja Católica. I. Pescosolido, Guido. II. Felix, Silvia Massimini. III. Título.

2021-1343   CDD 940
                                                                                                    CDU 94(4)

Editora afiliada:

Sumário

Introdução . 7
Guido Pescosolido

Richelieu

I O Reino da França em 1610: geografia, limites, estrutura social . *35*

II A nobreza e o clero . *41*

III O terceiro estado . *53*

IV Venalidade de cargos públicos e administração do reino . *59*

V A monarquia "popular" de Henrique IV e a regência . *69*

VI Richelieu entra na cena política . *79*

VII Fracassos diplomáticos e guerras entre Maria de Médici e Luís XIII . *89*

VIII   Luís XIII contra os protestantes.
A "Defenestração de Praga" . *103*

IX   O mundo alemão às vésperas da Guerra dos Trinta Anos . *117*

X   Tem início a Guerra dos Trinta Anos . *133*

XI   A política imperial alcança um sucesso impressionante . *145*

XII   A França tropeça nos novos equilíbrios europeus . *157*

XIII   Consolidar o quadro interno para dominar a Europa: Richelieu muda de rumo . *167*

XIV   Richelieu ainda falha, mas não desiste . *177*

XV   Richelieu reorganiza a estrutura do Estado . *189*

XVI   A nova política marítima e La Rochelle . *197*

XVII   A política das "portas" . *203*

XVIII   Richelieu busca a hegemonia na Europa . *211*

XIX   Revoltas populares contra a política de Richelieu . *221*

XX   Richelieu e a história da Europa moderna . *233*

Índice onomástico . *247*

Introdução

por Guido Pescosolido

O texto apresentado aqui é quase inédito. Na verdade, trata-se da reimpressão das apostilas litografadas das aulas universitárias de história moderna ministradas por Rosario Romeo no ano acadêmico de 1963-1964 na Faculdade de Letras e Filosofia da Universidade de Roma,[1] cuja circulação foi

---

[1] Romeo, *Richelieu: Lezioni di storia moderna tenute nell'anno accademico 1963-64*. O organizador do livro, Mario Signorino, era então assistente de Rosario Romeo, de quem havia sido aluno em Messina, seu primeiro cargo universitário. Signorino foi também aluno de Romeo em Roma no ano acadêmico de 1962-1963 e continuou a colaborar com ele durante os anos 1960. Entre os dois também havia uma afinidade ideológica. Como se sabe, Romeo fizera parte da patrulha liberal que em 1955 se juntou a Mario Pannunzio na fundação do Partido Radical. Entre 1965 e 1966, entre os dois surgiram algumas diferenças acadêmicas, e Signorino seguiu o caminho do jornalismo e do ativismo político. De 1967 a 1970, foi editor do semanário *L'Astrolabio* de Ferruccio Parri e, em 1976-1977, da revista mensal *Prova Radicale*. Em 1978, foi fundador – e presidente por um bom tempo – da associação ambientalista Amici della Terra Italia. Foi senador do Partido Radical na IX Legislatura (de julho de 1983 a julho de 1987).

limitada aos estudantes daquele ano e, depois, aos do curso de 1970-1971.[2]

À primeira vista, o tema do livro pode despertar alguma surpresa naqueles que conhecem as obras de Rosario Romeo, cuja fama internacional esteve – e ainda está – ligada desde o início particularmente aos seus estudos sobre *Il Risorgimento in Sicilia*[3] e sobre o Risorgimento em geral,[4] bem como ao acalorado debate que se seguiu à sua contestação da interpretação do Risorgimento feita por Antonio Gramsci e Emilio Sereni, e à sua análise do desenvolvimento capitalista italiano pós-unitário proposta em *Risorgimento e capitalismo* e mais desenvolvida em *Breve storia della grande industria in Italia*.[5] E já antes de 1963 fizera um sucesso considerável, na Itália e no exterior, seu trabalho *Le scoperte americane nella coscienza italiana del Cinquecento*, publicado na *Rivista storica italiana* em 1953 e como livro em 1954;[6] no entanto, essa obra havia sido apreciada apenas na esfera dos estudiosos dos séculos XVI e XVII e da colonização das Américas. E também o ensaio sobre "La signoria dell'abate di Sant'Ambrogio sul comune rurale di Origgio nel secolo XIII", publicado em 1957 na mesma revista, permanece até hoje conhecido quase exclusivamente pelos que se dedicam à história da Idade Média.[7] Nos dois casos, no entanto, nada

---

2 Publicado pela editora Elia (Roma, 1971). O novo editor assumira a empresa anterior, incluindo o local. O texto é quase idêntico ao de 1963-1964.
3 Romeo, *Il Risorgimento in Sicilia*.
4 Id., *Dal Piemonte sabaudo all'Italia liberale*.
5 Id., *Risorgimento e capitalismo*; *Breve storia della grande industria in Italia*.
6 Id., *Le scoperte americane nella coscienza italiana del Cinquecento*.
7 Foi publicado como livro apenas em 1970, com um título um pouco diferente, por uma editora que certamente não está em primeiro

se compara à repercussão internacional de seus estudos sobre o Risorgimento e o desenvolvimento econômico da Itália liberal, assim como a biografia monumental de Cavour, na qual Romeo começou a trabalhar a partir da segunda metade dos anos 1950 e cujo primeiro volume foi publicado em 1969.[8] O fato é que até 1963 Romeo nunca havia se dedicado a problemáticas estritamente do século XVII, e muito menos à figura do cardeal Richelieu.

Porém, a surpresa é menor se prestarmos atenção não apenas em suas obras históricas mais importantes, mas também na atividade didática de Rosario Romeo.[9] Assim, é fácil ver que o maior estudioso italiano sobre o Risorgimento – vencedor em 1955, quando tinha apenas 31 anos, de um concurso para a cátedra de História do Risorgimento promovido pela Universidade de Palermo –, durante toda a sua vida acadêmica, nunca ocupou uma cátedra de História do Risorgimento, e em sua atividade docente os tópicos ligados estritamente ao Risorgimento não tinham prioridade em relação aos de caráter mais geral de história medieval, moderna e contemporânea. De fato, Romeo foi titular, na Universidade de Messina, de uma cátedra de História Medieval e Moderna, e, na Universidade de Roma, de uma cátedra da História Moderna, disciplina na qual obtivera a livre-docência antes mesmo de vencer o concurso

---

plano em termos de presença no mercado de livros: *Il comune rurale di Origgio nel secolo XIII* (Carucci, Assis, 1970); reimpresso apenas uma vez, após a morte de Romeo, com "Apresentação" de C. Violante, pela editora Il Saggiatore (Milão, 1992).

8 Romeo, *Cavour e il suo tempo*, v.I: *1810-1842*.

9 O que nunca se fez até hoje, inclusive em meu livro *Rosario Romeo*.

de História do Risorgimento. E isso porque Romeo pertencia àquela categoria de historiadores, hoje completamente extinta, que possuem uma cultura e uma metodologia de pesquisa histórica que lhes permitia lidar com questões econômicas, sociais, políticas e ideológicas ao longo de um período de tempo que vai desde a Idade Média até a era moderna e contemporânea e em um horizonte geográfico não apenas italiano, mas também europeu e global. Em 1956, portanto, chamado por vontade e iniciativa de Giorgio Spini para dar aulas na Universidade de Messina, ele ministrou um curso monográfico dedicado a um grande tema de história medieval: "Le origini della signoria viscontea".[10] Além disso, a amplitude e a capacidade argumentativa de sua visão histórica do longo período surgiram com clara evidência já em sua primeira obra, *Il Risorgimento in Sicilia*, na qual a reflexão sobre a nação siciliana se estendia desde a época normando-suábia até a unificação da Itália. E Romeo retornou, em anos alternados, aos assuntos de História Medieval, pelo menos durante sua permanência na Universidade de Messina.[11]

---

10 Romeo, *Le origini della signoria viscontea*, apostilas organizadas com a colaboração de Salvatore Tramontana, o grande medievalista falecido recentemente.

11 Naquela época, não havia cátedras separadas de História Medieval e de História Moderna nas universidades italianas, e sim de História Medieval e Moderna, que também incluíam a história contemporânea. Os professores geralmente alternavam uma disciplina de História Medieval com uma de História Moderna e Contemporânea. A última cátedra desse tipo na Itália foi ministrada na Faculdade de Letras e Filosofia de Frederico II de Nápoles por Giuseppe Galasso. A primeira cátedra autônoma de História Contemporânea foi estabelecida em Florença em 1960 e ocupada por Giovanni Spadolini.

Em 1962-1963, seu primeiro e único ano como docente na Faculdade de Ensino da Universidade de Roma, Romeo dedicou seu curso monográfico a um tema que não poderia ser mais "dele", ou seja, o ambiente familiar e juvenil de Cavour, em cuja biografia estava então trabalhando com afinco.[12] E seria bastante normal se em 1963-1964, convidado pela Faculdade de Letras e Filosofia da mesma universidade para ocupar a segunda cátedra de História Moderna – criada especificamente para ele por iniciativa de Nino Valeri –, Romeo insistisse nesse tema. Mas, em vez disso, decidiu se ocupar, em suas aulas, de um tópico ortodoxamente modernista – o título do curso foi "Richelieu e a Guerra dos Trinta Anos" –, tendo como base as apostilas que aqui são republicadas e a obra de Victor-Lucien Tapié, *La France de Louis XIII et de Richelieu*, na versão original em francês, pois a tradução para o italiano ainda não existia.[13] Adicionalmente, os alunos tinham de ler sua *Breve storia della grande industria in Italia*, reimpressa em 1963, e participar de um seminário escolhido entre aqueles ministrados pelos assistentes Mario Signorino e Claudio Signorile,[14] além de obviamente ter de estudar a história geral do final do século XV até a era contemporânea, usando os volumes II e III de um "bom manual para escolas secundárias".[15]

---

12 Romeo, *L'ambiente familiare e la prima giovinezza di Camillo di Cavour*.
13 Tapié, *La France de Louis XIII et de Richelieu*.
14 Futuro vice-secretário do Partido Socialista Italiano (PSI), deputado por seis mandatos (de VI a XI), ministro de Intervenções Extraordinárias no sul de 1981 a 1983 e ministro dos transportes de 1983 a 1987.
15 Frase repetida de forma idêntica em todos os programas de exame exigidos por Romeo ao longo de sua vida acadêmica. Na Faculdade de Letras e Filosofia da Universidade de Roma, a cátedra de História Contemporânea foi estabelecida apenas nos anos 1980.

Foi, portanto, uma escolha coerente com a titularidade das cátedras, uma escolha que relegava a segundo plano a parte referente à história da indústria dos séculos XIX e XX e que foi repetida quase sempre por Romeo nos anos seguintes. Talvez tenha sido motivado também pela preocupação de não criar confrontos com a cátedra da História do Risorgimento ministrada por Alberto Maria Ghisalberti; encontrava, porém, suas verdadeiras razões nos vastos horizontes da cultura histórica de Romeo, na íntima continuidade que ele sempre sentiu que havia entre história moderna, história do Risorgimento e história contemporânea, e na convicção da importância crucial do estudo dessa continuidade na formação cultural e intelectual das novas gerações. Os cursos monográficos de Romeo sempre se ocuparam de momentos e problemas cruciais da história moderna e contemporânea da Europa e do mundo, como o nascimento da nação moderna ou a Revolução Francesa, a Revolução Inglesa ou Industrial, em cujo contexto é possível entender também profundamente o significado histórico de nosso Risorgimento, como momento fundamental da história da Itália e da Europa não apenas do século XIX, mas de toda a Idade Moderna. E isso também era verdade, acima de tudo, em relação ao assunto do curso que ele ministrou em 1963-1964, em particular à história das relações internacionais e do desenvolvimento dos Estados nacionais italiano e alemão.

Além disso, para Romeo, o tema escolhido em 1963-1964, como se pode facilmente compreender lendo o texto reproduzido aqui, estava muito mais ligado ao Risorgimento do que ao seu livro sobre descobertas americanas, porque a realidade e os mecanismos de formação de equilíbrio de poder na Europa – com os quais Cavour e todo o movimento nacional italiano tiveram de prestar contas no século XIX para criar na península um único grande Estado independente – não haviam nascido com o Congresso de Viena, tendo encontrado sua primeira sanção no plano do direito internacional moderno com a Paz de Vestfália de 1648. Decorre daí o interesse primário de começar com a análise da obra política de Richelieu, que na opinião da historiografia mais autorizada era considerado um dos maiores formuladores, se não o maior, do nascimento do Estado nacional absolutista na França, da afirmação da hegemonia francesa na Europa, da Paz de Vestfália e do nascimento do direito internacional, em um contexto de relações articuladas no velho continente na oposição franco-habsburga e na fragmentação político-militar da Itália e da Alemanha.

Como se sabe, quando Romeo ministrou seu curso monográfico sobre a figura de Armand-Jean du Plessis, bispo de Luchon, cardeal e duque de Richelieu, há muito vinha se acumulando uma quantidade verdadeiramente notável de materiais, não apenas no campo historiográfico, mas também nos de ficção, teatro, cinema, televisão, sem mencionar a propagação da imagem do cardeal por meio da retratística, numismática, filatelia. Uma produção que dera forma ao mito de *dupla face* de um Richelieu pintado por um lado como um gênio diabólico do mal absoluto, cínica e insaciavelmente em busca de poder pessoal, por outro como um gênio político dedicado ao bem do rei e da pátria, formulador na França de um aparato institucional nunca antes tão estável e forte, artífice na Europa de um quadro de relações internacionais baseado na paz religiosa da França e da Alemanha e no reconhecimento da plena soberania dos Estados nacionais, então identificados com as monarquias absolutas baseadas na participação do exercício do poder apenas de classes privilegiadas restritas.

Num campo estritamente historiográfico, que era a dimensão que mais chamava a atenção de Romeo e que, portanto, nos interessa aqui, construíra-se uma produção imponente a partir da qual, além da heterogeneidade e das contraposições muito severas de opiniões, emergia, para o bem ou para o mal, uma das personalidades mais importantes da história moderna e contemporânea da Europa; uma produção que por seu tamanho e qualidade parece até hoje cada vez mais impressionante em relação àquela dedicada ao conde-duque de Olivares, seu grande adversário espanhol derrotado.[16]

No século XVII, prevaleciam a aprovação, a admiração e a deferência, habilmente alimentadas pelo próprio Richelieu, que, graças também ao apoio de um grupo valioso de colaboradores, produziu e coletou uma enorme quantidade de documentos e escritos políticos que se tornaram então uma formidável mina de fontes históricas.[17] Obviamente era uma operação sobretudo autocomemorativa, contestada tanto quanto possível, mas com pouco sucesso, por seus inimigos políticos, tomados por sentimentos de aversão e ódio que resultaram na conhecida sequência de conspirações e atentados que duraram quase até o final dos dias do cardeal.[18] Uma ope-

---

16 Cf. Elliott, *Richelieu e Olivares*, p.4-6.
17 Refiro-me obviamente às *Mémoires*, ao célebre *Testamento político* e à enorme quantidade de documentos conservados nos arquivos públicos e privados, em cujos eventos conturbados se debruça Bergin, *Pouvoir et fortune de Richelieu*, p.22-4.
18 Um excelente trabalho de exegese e contextualização histórica das biografias do cardeal do século XVII foi feito recentemente por Garfagnini, *L'idea di Europa nelle "Vite" di Richelieu: biografia e storia nel Seicento*.

ração que, no entanto, foi sistematicamente destruída no século XVIII pelos intelectuais iluministas que a olhavam com desaprovação, condenação, rejeição ideológica e política do absolutismo régio do qual Richelieu fora o maior artífice da França. Uma reação que em 5 de dezembro de 1793 resultou, em nível popular, na abertura e profanação da tumba do cardeal na igreja da Sorbonne por uma multidão de revolucionários enfurecidos, que dispersaram seus ossos para sempre. Só se salvou sua cabeça, que, depois de muitos reveses, no século XX foi transferida para o monumento fúnebre do cardeal.

No século XIX, escritores como Alexandre Dumas, Alfred de Vigny e Victor Hugo construíram o mito ficcional do estadista cínico e cruel, que conspirara até contra o rei. Todavia, no âmbito do mundo político francês de direita e de centro, a consideração e a admiração pela obra política do cardeal não tiveram a mesma sorte que seus ossos nem seguiram os humores da narrativa francesa. Tanto no século XVIII quanto no XIX e também no século XX, para muitos políticos e estadistas, franceses ou não, Richelieu continuou a ser um exemplo de estadista com capacidades criativas e de ação igualadas por poucos na história do velho continente. Não por acaso, no final do século XIX, em pleno clima nacionalista, um ministro das Relações Exteriores, Gabriel Hanotaux, lançou as bases da consagração historiográfica do mito do cardeal com uma obra da qual o duque de La Force, quando Hanotaux faleceu, escreveu o sexto e último volume e que Rosario Romeo, embora ciente de suas implicações hagiográficas, teve bem presente em suas aulas.[19]

---

19 Hanotaux; De Caumont, *Histoire du cardinal de Richelieu*.

Uma obra substancial foi acrescentada a esse trabalho de compilação, reorganização e análise crítica de velhas e novas fontes e ajustes interpretativos, que continuou mesmo depois de 1963-1964.[20]

Ao esforço da historiografia internacional, especialmente francesa, a italiana não trouxe grandes contribuições, nem na exegese das fontes, nem em termos de reconstrução e análise crítica da literatura sobre Richelieu, exceto pelo trabalho recente de Doni Garfagnini. Antes de 1963, os historiadores italianos haviam se ocupado superficialmente da obra política do cardeal, considerando-a apenas dentro de obras gerais de história italiana e europeia e nos livros escolares, ou, no plano de compilação e publicação de fontes documentais, dentro da estrutura de edições críticas das relações da França com embaixadores venezianos ou núncios papais.[21] não existia até 1963 nenhuma biografia do cardeal escrita por autores italianos, e em nosso mercado de livros não havia nem um único texto de qualquer autor estrangeiro traduzido para o italiano que servisse, de acordo com Romeo, pelo equilíbrio interpretativo e crítico e em nível científico, para fornecer a um público de es-

---

20 Para esse trabalho e para uma visão geral atualizada da bibliografia sobre Richelieu e seu tempo, consulte Tapié, *La Francia di Luigi XIII e di Richelieu*, p.429-37; Bergin, op. cit., p.355-69; Hildesheimer, "Mise à jour bibliographique", em Tapié, *La France de Louis XIII et de Richelieu*, p.461-70.

21 Nesse sentido, não há muita informação além dos estudos de Raffaele Belvederi a respeito do julgamento do núncio de Paris, Guido Bentivoglio, sobre Richelieu, primeiro em "Richelieu e Bentivoglio", *La Sorgente*, ano V, p.3-14, 1953, depois na extensa monografia *Guido Bentivoglio e la politica europea del suo tempo: 1607-1621*, esp. p.701 ss., e, por fim, em *Bentivoglio e Richelieu: 1616-1621*.

tudantes universitários uma introdução básica que não fosse apenas manualística, sem divagar demais nas minúcias românticas da história pessoal de Richelieu. Para Romeo, deve ter parecido absolutamente insatisfatório o livro *Richelieu*, de Hilaire Belloc, com sua visão católica-integralista, que criticava muitos aspectos do mundo moderno e segundo a qual a Reforma protestante e o nacionalismo de Richelieu, assim como o de Bismarck, dois séculos depois, teriam causado enormes danos à Europa.[22] O único livro em italiano de nível científico apreciável, discordante da leitura de Belloc, era a tradução italiana do trabalho de Carl Jacob Burckhardt, lançado pela Einaudi em 1941 e também considerado "medíocre" por Romeo.[23] Sua última reimpressão datava de 1945 e a seguinte ocorreria apenas em 1973.[24] O volume estava, portanto, na biblioteca, mas não nas livrarias, e, mesmo que estivesse, ainda não correspondia às características expositivas que Romeo considerava necessárias para seus alunos. Em vez de recorrer à reimpressão de Belloc lançada em 1962, Romeo preferiu, portanto, acrescentar às suas referências no programa da disciplina o livro de Victor L. Tapié publicado em Paris em 1952, embora não tivesse sido traduzido para o italiano: evidentemente contava o fato de que naquela época, no ensino médio, o idioma mais estudado era o francês.

---

22 De *Richelieu: A Study* (publicado pela primeira vez em 1929, e depois no ano seguinte, com o título *Richelieu*, em Londres), circulava na Itália a tradução de Dienne Carter, publicada primeiro pela editora Corbaccio, depois pela Dall'Oglio, a partir de 1953, com uma série de reimpressões (1955, 1957, 1962) até 1974.

23 Cf. Romeo; Talamo (orgs.), *Documenti storici: antologia. L'età moderna*, p.75.

24 Burckhardt, *Richelieu*.

Por outro lado, depois de 1963-1964, a historiografia italiana se dedicou mais a Richelieu, tanto que em 1967, certamente Romeo esperando o mesmo, havia muito espaço no âmbito acadêmico para a tradução ao italiano da segunda edição da já mencionada monografia de Tapié, publicada em Paris naquele mesmo ano,[25] tradução que Romeo incluiu em seu programa de 1967-1968, insistindo muito, em suas aulas, na figura de Richelieu.[26] Em 1967, também foi publicada uma monografia de Mario Silvani, de leitura agradável, mas de tipo anedótico-romanesco e popular, cheia de diálogos sem credibilidade, completamente superficial e desprovida de objetivos científico-historiográficos.[27] em 1988, saiu uma boa tradução italiana do *Testamento político* do cardeal,[28] mas teríamos de esperar até 2003 para ter acesso, de um estudioso italiano, Alessan-

---

25 Traduzido por Nina Talamo, amiga da família de Romeo: Tapié, *La Francia di Luigi XIII e di Richelieu*, op. cit.

26 O texto principal do curso de 1967-1968 era uma coletânea de documentos históricos relacionados à era moderna, sobre os quais Romeo realizou suas lições (Romeo; Talamo (orgs.), *Documenti storici*, op. cit.), concentrando a atenção sobretudo em duas memórias da política externa de Richelieu, das quais ele havia antecipado alguns trechos nas aulas de 1963-1964; veja a seguir, p.207-10 e 230-4. O livro de Tapié foi inserido como leitura obrigatória.

27 Silvani, *Richelieu: Il cardinale che faceva tremare il papa*. Ainda mais chamativo e também privado de qualquer referência a fontes ou tratados históricos era o *Richelieu* de Cesare Giardini, de 76 páginas, a maior parte delas ricamente ilustrada por desenhos da época, para a coleção da Mondadori "I grandi di tutti i tempi".

28 Richelieu, *Testamento politico e massime di Stato*, com uma robusta introdução, bem pensada em termos de crítica; no entanto, a edição é estranhamente desprovida de índice onomástico. Ao *Testamento político* se dedicou mais recentemente Benedetti, "Sul Testamento politico

dro Roveri, a um perfil de Richelieu de dimensões reduzidas, mas com várias referências à literatura estrangeira recente, em especial no que se refere à confusão entre a luta contra os huguenotes e a luta contra a bruxaria. O trabalho também critica a opinião de Belloc sobre a relação entre Richelieu e nacionalismo, e não expressa, sobre as questões de política institucional e relações internacionais, opiniões diferentes das defendidas por Romeo em suas apostilas, que Roveri obviamente não conhecia.[29]

Nesse cenário, o livro de Romeo, concebido como apostila universitária que não pretendia se apresentar como biografia, mostra-se hoje como um dos ensaios críticos mais autorizados e brilhantes produzidos pela historiografia italiana sobre o papel de Richelieu na história da França e da Europa. Obviamente, o *status* editorial do texto é típico das aulas universitárias: ausência de notas e referências bibliográficas específicas, e subdivisão em capítulos sem título. No entanto, fez-se uma tentativa de pôr alguma ordem na obra. A exposição, dada a natureza exclusivamente didática, pode parecer, em alguns trechos, até escolar. Em conjunto, porém, o texto tem densidade de conteúdo, sutileza analítica, discussão crítica no nível da historiografia internacional mais qualificada da época e uma eficácia interpretativa que apresenta conclusões ainda hoje to-

---

del cardinale di Richelieu", *Rivista di Studi Politici Internazionali*, ano LXXVIII, p.417-30, jul.-set. 2011.

29 Roveri, *Richelieu: Un cardinale tra guerre, diavoli e streghe*. Conceitualmente bastante dispersivo é o volume de Martelli, *Estetica del colpo di stato: Teologia e politica nella Francia di Richelieu*.

talmente válidas em relação à historiografia subsequente, italiana e internacional.

Sem dúvida, sobretudo durante o último meio século, a historiografia conseguiu muitos novos acréscimos, até mesmo no campo psicanalítico, porém os mais originais continuavam limitados à exploração dos eventos pessoais e especialmente patrimoniais do cardeal. No entanto, embora sempre notadamente atrativa para os historiadores e romancistas, a história do enriquecimento de Richelieu não teve aos olhos de Romeo nada de excepcional para a época em que viveu. Se fosse apenas por isso, Romeo com certeza não teria dedicado um curso universitário ao cardeal.[30] O que, para Romeo, se demonstrava extremamente importante na obra de Richelieu, e não apenas para o público francês e espanhol, mas também italiano e alemão, eram suas realizações políticas e institucionais. E é sobre esses aspectos que Romeo concentra sua atenção, usando fontes primárias com grande perspicácia (o *Testamento político* e as memórias do próprio Richelieu, e os relatórios de embaixadores venezianos) e a historiografia internacional mais confiável sobre assuntos políticos, sociais e religiosos da França e sobre a grande tragédia efetivada com a Guerra dos Trinta Anos. E em relação a esse aspecto não me parece que os estudos que se seguiram às aulas de Romeo foram além da reconstrução crítica que ele propôs.

---

30 "Não havia personagem de relevo do qual não se pudesse dizer que tivesse enriquecido à custa do Estado, começando por Sully ou Richelieu, que era um fidalgote sem dinheiro no início de sua carreira e um grande fidalgo no final dela. Mas isso não ofendia a moralidade pública." *Infra*, p.66.

O discurso de Romeo parte de uma grande imagem da França em 1610, o ano do assassinato de Henrique IV, em que se descrevem as fronteiras territoriais, a configuração geográfica, a economia, a estrutura social (nobreza, clero, terceiro estado em todas as suas articulações internas), os aparatos institucionais, ressaltando a problemática e a incerteza das relações internacionais, ainda dominadas pelos temores em relação ao projeto dos Habsburgo de cerco e sufocamento da França no contexto de aspiração ao Império universal que remonta a Carlos V: uma França enfraquecida e dividida, no decorrer do século XVI, por fraturas internas religiosas e políticas, que, inicialmente pacificadas pela obra de Henrique IV que culminou no édito de Nantes, a regente Maria de Médici parecia agora dramaticamente trazer de volta; uma França que renunciava à retomada das hostilidades contra a Espanha feita com determinação por Henrique IV; uma França, de fato, inexistente nos cenários não europeus diante do gigantesco império colonial espanhol, e também do português e holandês.

Observa-se a eficácia didática de passagens como aquela em que Romeo traça a diferença de espírito e dos ideais entre a nobreza francesa e a italiana;[31] ou aquela em que explica as

---

31 "Há uma diferença", escreve Romeo, "entre a nobreza francesa e a italiana delineada por Manzoni: enquanto na Itália o código de honra era apenas uma questão de suscetibilidade pessoal ou vaidade, na França estava ligado a uma ideia ético-política – isto é, àquela ideia de glória a serviço do rei – da qual pouco a pouco toda a nobreza vinha se aproximando. Era isso que a tornava uma força para a França, uma força em nível político: na Itália, o conceito de honra, a propalada diferença entre a nobreza e outras classes sociais, não se traduzia em uma força moral disposta a tolerar o serviço

origens do apelo ultramontano ao papa para que intervenha contra a corrupção do clero francês, alimentada pela aplicação, no decorrer do século XVI, da concordata de Bolonha de 1516 entre a França e a Santa Sé; ou a passagem em que ele descreve a ideologia política e o sentimento religioso dos diversos "partidos" em jogo ("devotos", "bons franceses", huguenotes) e as diferentes doutrinas da soberania que se confrontam (a protestante da legitimidade da rebelião contra a autoridade do rei em face da doutrina bellarmina). Não menos útil para a formação cultural dos estudantes é a análise do absolutismo francês, com a ênfase na existência de leis fundamentais do Estado que são invioláveis até mesmo pelo rei, que também era o único detentor da soberania, leis cuja observância os Parlamentos – que na França eram, como se sabe, as cortes de justiça – supervisionavam. O que, considerando também a existência dos Estados Gerais, leva Romeo a destacar que a monarquia francesa, embora fosse uma monarquia absoluta, não era "uma 'tirania', como se dizia na literatura política da época",[32] mas uma monarquia que se apresentava como a única força capaz de controlar a anarquia e os abusos dos nobres e a guerra sangrenta entre católicos e huguenotes. Também parece notável a eficácia com que Romeo se concentra na complexa situação política e diplomática da Itália, da qual a França havia sido expulsa no século XVI pela acachapante hegemonia espanhola e, acima de tudo, a bastante complexa hegemonia político-religiosa do

---

estatal, como ocorria com a nobreza francesa, ao menos em tudo aquilo que dizia respeito aos serviços a serem prestados em guerra seguindo as ordens do rei." *Infra*, p.45.

32 *Infra*, p.67.

Império Germânico, que desembocou na Guerra dos Trinta Anos: nesse caso, é verdadeiramente notável a descrição, com algumas pinceladas rápidas, dos principais protagonistas da guerra, aos quais outros historiadores tiveram de dedicar, para obter os mesmos resultados, centenas de páginas.

É nesse quadro político-institucional que Romeo dispõe a ação política de Richelieu, com uma atitude que não é de forma alguma de incontestável apoio à exaltação quase incondicional do cardeal feita por historiadores tão competentes como Hanotaux, mas também não é de pouca condenação histórica do absolutismo régio em si mesmo, de feição iluminística tardia; nem se submete a avaliações negativas do poder nacional francês como a feita por Hilaire Belloc. Portanto, ele não aceita a imagem de um Richelieu que, segundo Hanotaux, desde sua primeira experiência de governo em 1616-1617 teria uma visão muito exata das relações políticas e sociais com os huguenotes e uma estratégia de política externa à qual ele só chegou no início dos anos 30 do século XVII, quando ganhou definitivamente sua batalha contra os huguenotes, contra os grandes nobres da França, contra os "devotos" de Marillac e da rainha-mãe, Maria de Médici. A imagem que Romeo descreve é, ao contrário, a de um homem de precoce e ilimitada ambição e cultura política, mas no início inexperiente e não à altura da complexidade dos problemas que a França dos anos 1610 e 1620 estava vivendo. Um homem que procurava seu caminho e gradualmente construía seu próprio destino e a estratégia de sucesso para o rei e para a França, dando no início falsos passos, sofrendo derrotas e correndo riscos que poderiam ter lhe custado a carreira e a vida.

Porém, a conscientização dos limites do cardeal não leva Romeo a diminuir, muito menos a desconsiderar, a força de suas análises, a genialidade de sua intuição e a solidez duradoura das conquistas que delas derivaram para o fortalecimento da monarquia e da hegemonia da França. Não acho que ele teria concordado totalmente com o que foi escrito por Pierre Goubert em 1985, criticando os enaltecedores de Richelieu até redimensionar o núcleo duro da obra do cardeal, que é "ter estabelecido firmemente isso que se chama absolutismo e hegemonia da França". Goubert, de fato, enfatizava, "no que diz respeito ao primeiro, que Richelieu teve predecessores e continuadores: de Filipe, o Belo, a Napoleão, há muitos a escolher. Quanto aos sucessos militares e diplomáticos considerados decisivos, foram sobretudo obra do segundo cardeal: sem Mazarino, a glória de Richelieu e a supremacia da época de Luís XIV (além disso, muito frustrada e efêmera) teriam sido afirmadas com muito mais dificuldade".[33]

Nas páginas de Romeo, em vez disso, vê-se claramente, em relação ao absolutismo, que Richelieu obteve resultados que seus predecessores não tinham conseguido obter, resultados que depois não se perderam e sem os quais os sucessos de Mazarino e Luís XIV não teriam sido os mesmos. O desarmamento completo dos huguenotes e a recuperação, pela autoridade do soberano, do monopólio da força militar se apresentavam como uma operação de extrema dificuldade, que o próprio Henrique IV se abstinha de começar. Sem essa conquista, sem controlar os grandes da França, sem a repressão dos levantes

---

[33] Goubert, "Preface", em Bergin, op. cit., p.9.

populares da década de 1630, sem a introdução significativa da figura do intendente, não só a história interna da monarquia absoluta — símbolo, na vida do país, da ordem e da paz em oposição à desordem e violência dos períodos de domínio feudal —, mas também a da política exterior francesa, não teria sido a mesma.

Nesse sentido, a abordagem de Romeo realmente parece irrepreensível. Embora totalmente atento e compreendendo as razões dos adversários de Richelieu, começando com Marillac e a rainha-mãe, defensores de uma política de paz com a Espanha, parece claro que, se essa linha tivesse prevalecido, talvez não houvesse a monarquia universal almejada um século antes por Carlos V, e quase certamente a hegemonia francesa na Europa não teria sido estabelecida. Quanto à paternidade específica das vitórias militares e políticas francesas na Guerra dos Trinta Anos, Romeo nem sugere que possam ser atribuídas "acima de tudo" ao trabalho de Mazarino. Este se formou e fez sua carreira na sombra do cardeal e, depois de 1642, o ano do falecimento de Richelieu, ele seguiu servilmente as linhas já estabelecidas no início dos anos 1630. Linhas geniais, cuja idealização permanece como obra de Richelieu. Foram essencialmente duas: a chamada política das "portas" e a ideia de impedir a hegemonia da Casa dos Habsburgo na Alemanha e na Europa servindo-se de protestantes alemães, depois de ter combatido duramente os protestantes franceses.

A política das "portas" se baseava na intuição de que, para neutralizar a presença da Espanha na Itália, não era preciso cometer o erro, várias vezes repetido entre os séculos XV e XVI, de anexar à coroa francesa o ducado de Milão e/ou o reino de Nápoles. Esses objetivos haviam se revelado superiores às capacidades de controle francesas. Era necessário tirar os domínios italianos dos espanhóis o máximo que se pudesse e entregá-los a príncipes italianos; para proteger esses domínios, a França devia controlar as fortalezas, como Pinerolo, que servissem como portas de entrada na Itália para o exército francês. Da mesma forma, era necessário conquistar praças-fortes em território alemão que permitissem socorrer militarmente os protestantes alemães contra os Habsburgo.

A Paz de Vestfália, que marcou o fim da *res publica christiana* e o início do direito internacional moderno – no sentido de que a partir daquele momento os Estados europeus se reconheciam reciprocamente como sujeitos soberanos de direito internacional –, foi a vitória definitiva dessa estratégia, cuja idealização foi obra quase exclusiva de Richelieu, que garantiu sua prática com a eliminação do cenário político, na *journée des dupes*, da rainha-mãe e do ministro de Justiça Marillac, permanecendo a única e definitiva referência do rei. E é por isso que a maior parte do livro é dedicada aos eventos intricados e incertos que precederam o dia 10 de novembro de 1630. Os eventos posteriores – incluindo a dura repressão dos levantes populares da década de 1630, a entrada, primeiro de forma indireta através da Suécia e em 1635 de forma direta, na Guerra dos Trinta Anos e a própria Paz de Vestfália – talvez tenham implantado lentamente, mas sem desvios, as diretrizes impostas pelo cardeal no início da terceira década do século.

Foi uma estratégia que exigiu sacrifícios muito duros da população francesa, os quais, no entanto, lançaram as bases da supremacia da França na Europa, "que durou dois séculos e que também significava a hegemonia da cultura francesa: o prestígio mundial da literatura, dos costumes, das ideias francesas não era um fato puramente intelectual, mas também o resultado da preeminência da França na Europa. Isso mostra que, naquela época, o uso da força também criou valores de civilidade.".[34]

E esses resultados não podem ser deixados de lado na avaliação história de Richelieu, bem como não se deve esquecer que o equilíbrio que deu origem à hegemonia francesa surgida da Paz de Vestfália implicou o sepultamento definitivo da ideia do Império universal e o reconhecimento da plena autonomia e soberania dos Estados absolutos (nem liberal-constitucionais, nem democráticos como os Estados-nação modernos, porém sempre mais racionais e eficientes do que os Estados dominados pelo anarquismo feudal), mas também implicou a fragmentação política da Alemanha e da Itália, cuja eliminação se efetuou apenas no século XIX e, não por acaso, depois de duas guerras em que estavam envolvidas, além da Espanha, as principais potências da Guerra dos Trinta Anos (a França e o Império Habsburgo), que, embora lutando pela supremacia na Europa, haviam fundado, nos séculos anteriores, sua soberania na ausência de um grande Estado nacional, seja na Itália ou na Alemanha.

Rosario Romeo é conhecido por ter sido o primeiro historiador que, na segunda metade do século XX, realizou a fusão entre história política e história econômica, a partir de sua obra-prima muitas vezes mencionada. Neste livro, pelo contrário, a história econômica é quase inexistente. É um texto que tem como base a história político-institucional que, se tivesse

---

34 *Infra*, p.222.

sido publicado antes, teria revelado ao público em geral o sublime historiador das relações internacionais e da diplomacia que mais tarde se revelou na biografia monumental de Camillo Benso, conde de Cavour; um historiador que, no geral, diante da grandeza do personagem Richelieu, consegue manter uma posição totalmente isenta de julgamento histórico, antecipando de modo surpreendente a atitude que encontraremos novamente na biografia de Cavour.

Em ambos os casos, portanto, um grande historiador para um grande personagem e para uma ótima história.

Agradeço ao pessoal da Biblioteca do Departamento de História, Cultura e Religião da Universidade de Roma "La Sapienza".

G. P.
Roma, maio de 2018

Bibliografia[35]

ANDREAS, W. *Richelieu*. Trad. G. Mion. Roma: Paoline, 1970. [Ed. orig.: *Richelieu*. Göttigen: Musterschmidt, 1958.]
BELLOC, H. *Richelieu*: A Study. Filadélfia: Lippincott, 1929.
BELVEDERI, R. *Bentivoglio e Richelieu*: 1616-1621. Bari: Adriatica, 1968.
_____. *Guido Bentivoglio e la politica europea del suo tempo*: 1607-1621. Pádua: Liviana, 1962.

---

35 Indicamos as principais obras sobre Richelieu publicadas depois da Segunda Guerra Mundial, além das citadas na Introdução.

BELVEDERI, R. *Richelieu e Bentivoglio*. La Sorgente, ano V, p.3-14, 1953.

BENEDETTI, A. Sul *Testamento politico* del cardinale di Richelieu. Rivista di Studi Politici Internazionali, v.LXXVIII, p.417-30, jul.-set. 2011.

BERGIN, J. *The Rise of Richelieu*. Manchester; Nova York: Manchester University Press; St. Martin's Press, 1998.

_____. *Pouvoir et fortune de Richelieu*. Trad. P. Delamare. Paris: Laffont, 1987. [Ed. orig.: *Cardinal Richelieu*: Power and the Pursuit of Wealth. New Haven: Yale University Press, 1985.]

_____; BROCKLISS, L. (orgs.). *Richelieu and his Age*. Oxford: Clarendon, 1992.

BLANCHARD, J.-V. *Richelieu*: La Pourpre et le pouvoir. Paris: Belin, 2012.

BLET, P. *Richelieu et l'Église*. Versalhes: Via Romana, 2007.

BLUCHE, F. *Richelieu*. Paris: Perrin, 2003.

BURCKHARDT, C. J. *Richelieu*. Trad. B. Revel. Turim: Einaudi, 1941. [Ed. orig.: *Richelieu*. Munique: Callwey, 1935.]

CARMONA, M. *Richelieu*: L'Ambition et le pouvoir. Paris: Fayard, 1983.

CHURCH, W. F. *Richelieu and Reason of State*. Princeton: Princeton University Press, 1972.

D'ALBIS, C. *Richelieu*: L'Essor d'un nouvel équilibre européen. Paris: Armand Colin, 2012.

ELLIOTT, J. H. *Richelieu e Olivares*. Trad. G. Mainardi. Turim: Einaudi, 1990. [Ed. orig.: *Richelieu and Olivares*. Cambridge: Cambridge University Press, 1984.]

ERLANGER, P. *Richelieu*. v.I: L'Ambitieux. Paris: Perrin, 1967.

_____. *Richelieu*. v.II: Le Révolutionnaire. Paris: Perrin, 1969.

_____. *Richelieu*. v.III: Le Dictateur. Paris: Perrin, 1970.

GARFAGNINI, M. D. *L'idea di Europa nelle "Vite" di Richelieu*: biografia e storia nel Seicento. Florença: Firenze University Press, 2016.

GIARDINI, C. *Richelieu*. Milão: Mondadori, 1967.

HANOTAUX, G.; DE CAUMONT, A. *Histoire du cardinal de Richelieu*. 6v. Paris: Firmin Didot; Plon, 1893-1947.

HILDESHEIMER, F. Mise à jour bibliographique. In: TAPIÉ, V. L. *La France de Louis XIII et de Richelieu*. Paris: Flammarion, 2014.

_____. *Richelieu*. Paris: Flammarion, 2004.

_____. *Relectures de Richelieu*. Paris: Publisud, 2000.

_____. *Richelieu*: Une certaine idée de l'État. Paris: Publisud, 1985.

JOUHAUD, C. *Richelieu et l'écriture du pouvoir*: Autour de la Journée des Dupes. Paris: Gallimard, 2015.

_____. *La Main de Richelieu ou le pouvoir cardinal*. Paris: Gallimard, 1991.

KNECHT, R. J. *Richelieu*. Londres; Nova York: Longman, 1991.

MARTELLI, F. *Estetica del colpo di stato*: Teologia e politica nella Francia di Richelieu. Milão: Mimesis, 2008.

MARVICK, E. W. *The Young Richelieu*: A Psychoanalytic approach to Leadership. Chicago: University of Chicago Press, 1983.

MOUSNIER, R. *L'Homme rouge ou la vie du cardinal de Richelieu*. Paris: Robert Laffont, 1992.

_____. *La Vénalité des offices sous Henri IV et Louis XIII*. Rouen: Maugard, 1945.

O'CONNELL, D. P. *Richelieu, il cardinale che eresse la grandeur della Francia*. Trad. V. Manzini. Milão: Bompiani, 1983. [Ed. orig.: *Richelieu*. Londres: Weidenfeld and Nicolson, 1968.]

PAGÈS, G. Autour du "Grand Orage". Richelieu et Marillac: Deux politiques. *Revue Historique*, v.CLXXIX, p.63-97, 1937.

PARROTT, D. *Richelieu's Army*: War, Government and Society in France, 1624-1642. Cambridge: Cambridge University Press, 2001.

PESCOSOLIDO, G. *Rosario Romeo*. Roma; Bari: Laterza, 1990.

RICHELIEU, A.-J. Du Plessis. *Lettres, instructions diplomatiques et papiers d'État du cardinal de Richelieu*. Org. M.-M. Avenel. 8v. Paris: Imprimerie Impériale, 1853-1877.

_____. *Testamento politico e massime di Stato*. Org. A. Piazzi. Milão: Giuffrè, 1988.

ROMEO, R. *Breve storia della grande industria in Italia*. Bolonha: Cappelli, 1961. (reimp. Milão: Il Saggiatore, 1988.)

_____. *Cavour e il suo tempo*. v.I: 1810-1842. 3v. Bari: Laterza, 1969. (reimp. Roma; Bari: Laterza, 2012.)

ROMEO, R. *Dal Piemonte sabaudo all'Italia liberale*. Turim: Einaudi, 1963.

_____. *Il comune rurale di Origgio nel secolo XIII*. Assis: Carucci, 1970. (reimp. Milão: Il Saggiatore, 1992.)

_____. *Il Risorgimento in Sicilia*. Bari: Laterza, 1950.

_____. *L'ambiente familiare e la prima giovinezza di Camillo di Cavour*. Colab. M. L. Trebiliani. Roma: Libreria Editrice E. De Santis, 1963.

_____. *Le origini della signoria viscontea*. Colab. Salvatore Tramontana. Messina: Edizioni Ferrara, 1957.

_____. *Le scoperte americane nella coscienza italiana del Cinquecento*. Milão; Nápoles: Ricciardi, 1954. (reimp. Roma-Bari: Laterza, 1989.)

_____. *Richelieu*: Lezioni di storia moderna tenute nell'anno accademico 1963-1964. Org. Mario Signorino. Roma: Libreria Editrice E. De Santis, 1964.

_____. *Risorgimento e capitalismo*. Bari: Laterza, 1959.

_____; TALAMO, G. (orgs.). *Documenti storici*: Antologia. L'età moderna. Turim: Loescher, 1966.

ROVERI, A. *Richelieu*: Un cardinale tra guerre, diavoli e streghe. Nápoles: Guida, 2003.

SILVANI, M. *Richelieu*: Il cardinale che faceva tremare il papa. Milão: De Vecchi, 1967.

TAPIÉ, V.-L. *La France de Louis XIII et de Richelieu*. Paris: Flammarion, 2014.

_____. *La Francia di Luigi XIII e di Richelieu*. Trad. N. Talamo. Milão: Il Saggiatore, 1967.

_____. *La France de Louis XIII et de Richelieu*. Paris: Flammarion, 1952.

TEYSSIER, A. *Richelieu*: L'Aigle et la colombe. Paris: Perrin, 2014.

_____. *Richelieu*: La Puissance de gouverner. Paris: Michalon, 2007.

TREASURE, G. R. R. *Cardinal Richelieu and the Development of Absolutism*. Londres: Adam & Charles, 1972.

VIGNAL-SOULEYREAU, M. C. *Richelieu ou la quête d'Europe*. Paris: Pygmalion, 2008.

WOLLENBERG, J. *Les Trois Richelieu*: Servir Dieu, le Roi et la Raison. Trad. É. Husson. Paris: F.-X. de Guibert, 1995. [Ed. orig. *Staatsräson und Kircheninteresse zur Legitimation der Politik des Kardinalpremier*. Bielefeld, Alemanha: Pfeffer, 1977.]

Richelieu

O texto de Rosario Romeo é reproduzido aqui de acordo com a versão original datilografada, publicado pela Libreria Editrice E. De Santis (Roma, 1964). As únicas alterações se referiram à correção de eventuais erros de digitação e à padronização ortográfica de alguns termos. O índice onomástico também foi acrescentado. Os títulos dos capítulos e as notas bibliográficas e explicativas são do editor.

I
O Reino da França em 1610: geografia, limites, estrutura social

Em 1610,[1] a França era muito menos extensa do que é hoje. Ao norte, a fronteira chegava até o Somme; a nordeste, os rios Mosa e Saône assinalavam os limites com o Império, apesar de os bispados de Metz, Toul e Verdun serem ocupados por tropas francesas há sessenta anos sem, no entanto, terem um título legal específico. Mais ao sul, o Franco-Condado pertencia à Espanha. Em 1601, com o Tratado de Lyon, Henrique IV havia anexado Bugey e Bresse ao reino; mas o condado Venosino e Avignon ainda pertenciam ao papa, e o principado de Orange a Nassau. Na fronteira dos Pirineus, o Roussillon, que hoje integra o departamento dos Pirineus Orientais, pertencia à Espanha.

A aparência geral da paisagem era a mesma de hoje, mas com algumas diferenças, especialmente no que diz respeito ao curso do Loire, então mais navegável, à aparência das costas ocidentais, mais irregular e rica em ilhas (formadas por terras então cercadas por brejos que mais tarde secaram), à profusão

---
1 Ano do assassinato de Henrique IV.

de pântanos, prejudiciais à saúde da coletividade, em muitas áreas que hoje estão completamente livres deles, à extensão das florestas, muito maior do que agora.

O tipo humano sofria pelas más condições materiais e higiênicas, que não haviam mudado muito desde a Idade Média. O desenvolvimento demográfico era abalado por epidemias desastrosas, que reduziam em muito o crescimento populacional, numeroso devido a taxas de natalidade muito elevadas; e as doenças, mesmo quando não eram fatais, ainda serpenteavam na população, prejudicando seriamente o desenvolvimento físico. Assim, a estatura era menos elevada do que hoje, e mais frequentes as deformidades, as cicatrizes na face e nos membros, a falta de dentes etc. A vida era mais curta (70 anos já eram uma raridade) e os anos de velhice sofriam o peso de doenças que não se conseguia curar efetivamente. A população atingia a marca de 15 milhões de habitantes, e isso fazia da França um dos países mais populosos da Europa. Mas ainda eram enormes as diferenças entre costumes e tradições, dialetos regionais, da Bretanha a Poitou e à Normandia etc. (os bretões, por exemplo, alegavam ser obrigados a participar apenas de guerras contra a Inglaterra, e não contra outros países).

A grande massa da população, portanto, levava uma vida meramente local. Ocupada com os afazeres da própria vida cotidiana, não tinha ideias que a transcendessem, imersa como estava em uma inculturação geral e no analfabetismo, e decerto se pode descartar que o povo tivesse uma ideia real do Estado, do Reino da França.

Aqueles que estavam cientes de pertencerem ao reino, a verdadeira "nação política", portanto, interessada nos grandes eventos que influenciavam a vida do Estado como sujeito ativo, e não apenas no sentido passivo em que todos os habitantes do país sentiam suas repercussões, era formada, *grosso modo*, por membros da nobreza, do clero, das *"robe"*[2] e dos ofícios, do mundo dos negócios, até o nível mais elevado de artesanato ou de alguma ocupação agrícola. Tratava-se de uma fração da população total, mas grande o suficiente para contar dentro dela com uma imensa variedade de condições sociais, de interesses e níveis culturais, muitas vezes conflitantes entre si.

A grande distinção das três ordens ainda era válida: clero, nobreza e terceiro estado. Mas essa distinção jurídica pouco refletia a nova realidade social que vinha se fortalecendo, especialmente a partir do século XVI, caracterizada sobretudo pelo desenvolvimento de uma burguesia que em suas camadas superiores já se aproximava da nobreza e que, no entanto, ainda estava ligada na mesma medida aos estratos mais baixos da população camponesa.

A classe de maior peso político era provavelmente a nobreza. O próprio rei era considerado o primeiro fidalgo do reino; e se entendia que os mais altos cargos do Estado tradicionalmente deveriam ser reservados à nobreza. No entanto, uma exceção cada vez maior vinha se abrindo a esse princípio, com o desenvolvimento dos "ofícios" – e acima de tudo com a disseminação da venalidade em suas atribuições – que tinham permitido que a burguesia alcançasse posições muito altas na administração das finanças e no Judiciário, enquanto a nobreza as rejeitara, relutante em competir, para conquistar cargos disponíveis, com quem pudesse adquiri-los por dinheiro.

---

2 *Noblesse de robe* (nobreza de toga), ou simplesmente *robe*, era denominada a categoria de dignitários que ocupavam, no antigo regime, funções governativas, de administração da justiça e das finanças públicas.

Deve-se dizer, também, que no campo da venalidade a nobreza considerava difícil sustentar o embate com a burguesia. Já a própria proibição, para os nobres, do exercício das atividades mercantis sob pena de "derrogação" constituía motivo de clara inferioridade econômica. Essa questão se torna ainda mais grave depois do século XVI, quando a revolução dos preços, levando a um processo inflacionário de grandes proporções, reduziu bastante a receita que a nobreza recebia dos direitos feudais, tradicionalmente fixada em um valor constante. A reclamação sobre as más condições econômicas da aristocracia é, portanto, universal no período que estudamos. No entanto, seria errado pensar na nobreza como uma força já em acentuado declínio. A nobreza era e permanecia, como Richelieu gostava de dizer, um dos principais *nerfs* [nervos] do Estado: e acima de tudo o núcleo de sua força militar, a classe por excelência conclamada a defender o reino com armas. A essa obrigação fundamental estava ligada a exoneração, para a nobreza, da "talha", do imposto, característica por excelência da *"roture"*,[3] de modo que a mera isenção de seu pagamento era frequentemente invocada como uma razão para reivindicar um *status* nobre. Além disso, os nobres, como senhores de feudos, ainda desfrutavam de uma série de direitos: direitos jurisdicionais nos graus inferiores (a alta jurisdição agora era convocada pelas cortes reais) e, em seguida, direitos de pedágio, direitos de mercado, privativos do forno e do moinho; e todos os habitantes do senhorio feudal eram obrigados à observância desses direitos; mesmo quando se tratava de proprietários livres de terras abrangidas pelo senhorio.

---

3 Classe dos cidadãos não nobres.

O *status* de nobre ainda era, de longe, o mais invejado e o mais cobiçado. No entanto, no interior da nobreza, havia uma ampla variedade de condições, de riqueza, de prestígio, de poder, à medida que se passava dos pequenos fidalgos do campo aos grandes do reino. Daí a tendência, acentuada pelas dificuldades econômicas crescentes, de todos os nobres inferiores em procurar apoio, em entrar na "clientela" de um nobre mais poderoso, até chegar aos grandes personagens que tinham acesso à própria pessoa do rei. Tratava-se de uma relação que garantia aos menores clientes uma série de vantagens, da possibilidade de receber cargos ou graus honorários no exército até a concessão de pensões a cargo do Tesouro Real ou mesmo apenas algumas daquelas cartas *au comptant* com as quais o rei ordenava o pagamento extrapatrimonial de somas em favor de indivíduos isolados. Por outro lado, porém, era a amplitude e a solidez de sua própria clientela que determinava a força e a capacidade de ação dos grandes do reino, que lhes permitia mobilizar, no momento de sua "tomada de armas", forças que poderiam preocupar a própria autoridade real. Esse sistema de clientelas era uma das grandes forças do particularismo francês, e um dos limites ao absolutismo monárquico que Richelieu tentará eliminar.

II
A nobreza e o clero

Para entender o caráter histórico da nobreza francesa, é necessário mencionar também sua vida moral, cujo traço característico era o ideal cavalheiresco de glória. A nobreza constituía o núcleo central da força militar: era a principal força do Estado, dizia-se então. A cavalaria francesa era uma das melhores da Europa, constituída em grande parte por membros da nobreza; encontramos amplos depoimentos a esse respeito na documentação da época. Citemos, por exemplo, o relatório do embaixador veneziano Angelo Correr: "a força do exército", escreve ele,

> a força e o vigor do campo residem na *cornette blanche* [corneta branca], assim chamada por causa do estandarte sob o qual servem os voluntários e gentis-homens do rei; esta é composta da flor da nobreza e é animada pelo sentimento de honra e emulação de uma ousadia natural; é o braço do rei, o terror dos inimigos e o fulgor da guerra. À frente dela, podem-se desafiar os maiores perigos: seu nome e sua força garantem a vitória.

A cabeça desse corpo era o falecido rei Henrique IV: "cabeça", diz Correr, "não indigna dos membros, e membros não indignos da cabeça".[1]

No entanto, havia também as características negativas. Décadas de guerras de religião haviam acostumado a nobreza às armas, e muitos dos fidalgos menores, sobretudo cadetes ou sem posses, terminaram encontrando na guerra um emprego real. Não faltavam os episódios de banditismo autêntico; acontecia às vezes que alguns fidalgos liderassem gangues de soldados, que operavam como saqueadores e ladrões comuns; e alguns deles sofriam processos e condenações justamente por crimes desse tipo. No geral, no entanto, a nobreza francesa era caracterizada pelo ideal cavalheiresco de lealdade ao rei e de glória. Isso se traduzia, na vida civil, no desejo de acentuar e manter a distância das outras classes sociais. Quando, nos Estados gerais de 1614, um representante do terceiro estado afirmou que os três estados da monarquia eram basicamente três ramos pertencentes a um único tronco, um representante da nobreza protestou com firmeza: seria realmente uma ironia se tantos séculos de glória, dedicados a serviço do rei, tivessem servido apenas para demonstrar que a nobreza nasceu do mesmo cepo da plebe.

Essa posição de privilégio era sustentada por uma série de instituições. Não apenas a isenção do pagamento de certos impostos – em primeiro lugar a talha, isto é, o imposto a que estavam sujeitos todos os não nobres –, mas também certos privilégios jurisdicionais. Os nobres, por exemplo, tinham o direito

---

[1] Romeo cita o trecho traduzindo de Hanotaux; De Caumont, *Histoire du cardinal de Richelieu*, v.II: *La France en 1614*.

de ser julgados pelos tribunais presidenciais (que discutiremos em breve) e, assim, escaparem da jurisdição dos tribunais de bailiado ou de senescalado (dos quais também falaremos); eles tinham também o direito de recorrer aos Parlamentos, isto é, de não passar pelas etapas inferiores da jurisdição. A nobreza mantinha um padrão de vida diferente do resto da população. De acordo com os depoimentos de vários observadores estrangeiros, os nobres franceses viviam com pompa, vestiam-se esplendidamente, eram capazes de consumir na corte em uma semana o que tinham acumulado ao longo de um ano; em suma, não queriam ser confundidos com os outros. Bastante inclinados a exibir suas proezas, arruaceiros unidos pelo código de honra, com seu séquito armado, às vezes se mostravam um perigo para o resto da população. No fundo, encontramos aqui atitudes psicológicas semelhantes àquelas que Manzoni condena na Itália dos mesmos anos: o código de honra, a mania dos duelos, que atingirá nesse período características de uma epidemia real e contra a qual Richelieu lutará suas batalhas mais ferozes, conseguindo apenas limitá-la. Mas há uma diferença entre a nobreza francesa e a italiana delineada por Manzoni: enquanto na Itália o código de honra era apenas uma questão de suscetibilidade pessoal ou vaidade, na França estava ligado a uma ideia ético-política – isto é, àquela ideia de glória a serviço do rei – da qual pouco a pouco toda a nobreza vinha se aproximando. Era isso que a tornava uma força para a França, uma força em nível político: na Itália, o conceito de honra, a propalada diferença entre a nobreza e outras classes sociais, não se traduzia em uma força moral disposta a tolerar o serviço estatal, como ocorria com a nobreza francesa, ao menos em tudo aquilo que dizia respeito aos serviços a serem prestados em guerra seguindo as ordens do rei.

Claro que havia, nas próprias ordens militares, instituições que facilitavam a manutenção dessa posição específica da nobreza. O exército daqueles anos não é o exército moderno, selecionado por meio de recrutamento obrigatório, nem o exército regularmente ordenado, pago, armado à custa do Estado que será o exército de Luís XIV. O sistema da época era muito diferente, na medida do que podia ser permitido a um Estado que tinha recursos financeiros muito limitados em relação à política de poder que pretendia conduzir. O Estado não tinha condições de garantir as provisões regulares do exército nem em tempos de paz, muito menos em tempos de guerra. Como resultado, a força das tropas variava constantemente, porque os soldados não hesitavam em ir embora quando o pagamento atrasava alguns meses. Os próprios fidalgos concebiam seu relacionamento com o rei e com a autoridade do Estado, mesmo em tempos de guerra, de uma maneira que se afastava em grande parte do espírito feudal ou individualista que havia determinado a atitude da nobreza até algumas décadas antes. Os nobres acreditavam que eram obrigados a servir até certo período, de 45 dias por ano, de acordo com suas obrigações feudais; mas no restante do ano, se não fossem pagos o suficiente ou se discordassem do comandante ou se tivessem algo importante a fazer em seu país de origem (como o caso-limite, mas real, do compromisso de caçar no outono), abandonavam o exército.

Isso era possível por causa do método de recrutamento vigente: método que durou muito tempo, mas que depois se tornou complicado pela incapacidade do Estado de sustentar uma administração militar regular. Os regimentos, de fato, não eram estatais, mas empregados pelo rei por contrato; o chefe, um nobre, dava ao rei certo número de homens, recrutando-os mediante o pagamento de uma quantia para cobrir suas despesas. Isso significava que o comandante do regimento (que levava seu nome) também poderia ganhar dinheiro limitando as despesas de armamento e fornecimento, e fazendo que os soldados se alimentassem à custa do país (de modo que muitas vezes a chegada de bandos de soldados era perigosa para os habitantes, fossem franceses ou de Estados inimigos). O comandante do regimento geralmente se dirigia a outras personagens menores que – em parte devido à sua reputação militar, em parte porque eram apreciadas pelo bom tratamento reservado aos homens do comandante – lideravam esquadras, e através de um contrato começavam a servir com seus homens ao comandante. Assim, o recrutamento das tropas era regulado por uma série de relações privadas. Qualquer um poderia, portanto, recrutar soldados, é claro que se tivesse os recursos financeiros adequados. Um grande senhor que se rebelava contra o rei (é o mecanismo de todas as "tomadas de armas" que pontuam a história desse período) poderia recrutar soldados facilmente; bastava que um nobre abrisse alistamentos com sistemas semelhantes aos daqueles que serviram o exército real, e encontraria uma quantidade de pessoas (que tinham adquirido experiência nas guerras da religião) dispostas a servi-lo, dando possibilidade às revoltas dos grandes que se opunham, em nível militar, às forças do rei.

A nobreza francesa estava, nesse período, apenas parcialmente ligada ao Estado. Havia laços devido ao espírito cavalheiresco, ao ideal de fidelidade e glória, que funcionava nos momentos decisivos, e acima de tudo devido ao serviço militar para o rei em guerra. Mas ainda havia resquícios da antiga mentalidade feudal, que muitas vezes permitiam que os nobres se voltassem contra o rei quando ele entrava em conflito com membros da grande nobreza; mas isso não significa que alguém viesse derrubar o trono e estabelecer uma república, pois de fato os rebeldes se apresentavam como autênticos defensores do rei, que eles acreditavam ser mal aconselhado por aqueles que o cercavam.

Essa era a situação com que Richelieu se deparou ao chegar ao poder. Uma de suas principais lutas será a de disciplinar a nobreza, preservando sua função particular no reino, mas tolhendo dela esse impulso anárquico. Seu objetivo era tornar a nobreza uma força inteiramente a serviço do Estado.

Entre os grandes – os expoentes da mais alta nobreza do reino –, vinham em primeiro lugar os príncipes de sangue, que descendiam pela linha masculina de um rei da França (por exemplo, o príncipe de Condé e o conde de Soissons). Eles, como membros da família reinante, tinham poderes reais, e muitas vezes assumiam atitudes polêmicas contra o soberano. Uma posição particular tinham os filhos do rei falecido, legítimos e ilegítimos: como Gastão de Orléans, o irmão mais novo de Luís XIII, ou os duques de Vendôme, ilegítimos. Depois vinham os membros de famílias já reinantes, como os valois (por exemplo, o duque de Angoulême); seguiam-se os nobres que tinham grandes posses, muita influência e poder conspícuo decorrentes da grandeza de seu nome e fortuna: por exemplo, o duque de Nevers, aparentado com os Gonzaga de Mântua, senhores de vastos territórios que iam desde Mézièrs até a fronteira do reino, e capazes de desenvolver uma política pessoal seguindo uma linha de fervoroso misticismo católico; o duque de Mayenne, representante de uma geração que travara as guerras de religião e mantivera o comando de Paris quando a cidade fora ocupada pelos espanhóis, como representante da Liga Católica; os Rohan, já soberanos da Bretanha, huguenotes; o marechal Lesdiguières, futuro condestável da França; os Montmorency, que ostentavam o título de primeiros barões da cristandade e tinham raízes especialmente no Languedoc, do qual mantinham o governo geral.

Seguia-se então o clero, que na verdade constituía a primeira ordem do reino. A situação do clero francês era regulada pelo acordo estipulado entre a monarquia e o papado em 1516. Segundo o acordo, o rei poderia nomear, por iniciativa própria, o titular dos "benefícios" eclesiásticos e bispados franceses e, em seguida, esperar a investidura canônica por parte do papa, que tinha de verificar se o candidato possuía as qualidades necessárias segundo o direito canônico. O acordo dava à monarquia francesa um poder enorme, concedendo-lhe vastos "benefícios" da Igreja da França; e foi uma das razões pelas quais a monarquia francesa nunca procurou ficar do lado da Reforma. O papado havia feito um acordo bastante sério porque tivera uma grande vantagem com a abolição de certas regras da Pragmática Sanção de Bourges, sobre a qual se fundava até o momento a autonomia da Igreja Anglicana. A Pragmática Sanção de Bourges, de fato, havia deferido aos capítulos a nomeação dos bispos; e o papado achava menos perigoso para a sua autoridade que esse direito, em vez disso, fosse exercido pelos soberanos.

De fato, com base no acordo de 1516, houve uma profunda transformação na Igreja francesa. O rei frequentemente concedia bispados para pessoas sem qualificações religiosas, causando uma deterioração da qualidade do clero. Foi justamente se baseando na denúncia desses elementos temporais que a

Contrarreforma atuou. Quando, na segunda metade do século XVI, os homens mais sensíveis ao problema da renovação da Igreja começaram a agir, não se voltaram mais para o rei como reformador da Igreja, já que o próprio rei estava na origem de seus males, mas ao papa. Assim, no final do século XVI, um poder ultramontano havia sido estabelecido na França, um partido que olhava para Roma como a única fonte de salvação para a Igreja francesa contra a grande ameaça da onda protestante. A Contrarreforma operou na França (como em outros países católicos) uma mobilização geral das forças de resistência do catolicismo, que se voltaram não contra a monarquia, mas contra a Igreja de Roma. O partido dos "devotos" constituía uma força política essencialmente monárquica, depois de ultrapassada a controvérsia sobre a legitimidade da rebelião contra a autoridade do rei (uma questão importante seja no campo católico, seja no protestante durante as guerras religiosas que deram lugar às doutrinas dos monarcômacos). Na ocasião, a Igreja adotara a doutrina do cardeal Bellarmino, de acordo com a qual, uma vez que os povos tenham deixado sua soberania, que é concedida por Deus, nas mãos do rei, eles não têm mais o direito de tomá-la de volta, e, portanto, a revolta contra o poder legítimo derivado de Deus não é admissível. Por outro lado, a dinastia percebia que, diante da ameaça representada pelo calvinismo, era necessária uma Igreja que funcionasse e, portanto, queria uma hierarquia eclesiástica capaz de assegurar uma vida religiosa e uma administração da Igreja livres dos caminhos perseguidos pelos protestantes. O próprio Henrique IV se vangloriava de ter feito uma série de nomeações de bispos que melhoraram muito o nível médio do episcopado francês. Isso na maioria das vezes era verdade, mesmo que houvesse exceções, como a de um bispo que Henrique IV nomeou por apenas quatro anos, e a nomeação do próprio Richelieu, que ocorreu muito antes de ele completar sua idade canônica. Nas nomeações feitas pela monarquia agia o interesse político imediato de recompensar alguns de seus servidores, mas também o interesse mais geral de voltar a estabelecer a Igreja francesa em bases sólidas. Contribuía para isso o renascimento do sentimento católico provocado pela Contrarreforma e apoiado pelas grandes ordens religiosas, acima de tudo pelos jesuítas, que alcançaram um poder muito grande na França, onde, por meio do padre Coton, confessor do rei, exerciam uma grande influência no poder político.

 O adversário da Igreja francesa, no entanto, era muito forte. O partido huguenote, com o édito de Nantes, tinha obtido permissão de exercer o culto, embora em igrejas periféricas ou em casas particulares, e também garantias de caráter militar, ou seja, a concessão de um determinado número de praças-fortes (quase cem) guardadas por tropas protestantes. Além disso, as assembleias protestantes podiam se reunir nas províncias, além da formação de uma assembleia geral que nomeava dois representantes da religião *prétendue reformée* (como era então chamada) junto ao rei, em defesa dos interesses protestantes. Em muitos Parlamentos, então, criava-se uma câmara de éditos para julgar as questões que surgiam da aplicação dos éditos relacionados à religião protestante. Nas cidades com maioria calvinista, as administrações assumiam características que se assemelhavam às repúblicas burguesas dos Países Baixos. Não poucos, portanto, temiam que, a exemplo das Províncias Unidas, o partido huguenote pudesse se transformar em uma federação de províncias calvinistas: *se cantonner*, como então se dizia.

O partido dos "bons franceses", por outro lado, incluía os herdeiros dos *politiques* da época das guerras religiosas, que haviam representado uma diretriz voltada a proteger os interesses do reino, independentemente de divisões religiosas. Para os *politiques*, todos os franceses eram súditos do rei, e sobre essa base era necessário reconstituir a unidade da monarquia. Essa era a política de Henrique IV e, de fato, encontramos a serviço da monarquia tanto calvinistas quanto católicos. Mas uma atmosfera de suspeita continuava a separar católicos de protestantes; e era um ameaça potencial à autoridade real o fato de que os calvinistas pudessem de um momento para o outro mobilizar suas forças militares e criar sua própria ordem política, tornando-se efetivamente um Estado no Estado, como virtualmente eram graças às suas próprias ordens religiosas-administrativas e às garantias militares relacionadas. Também se deve ter em mente que a população calvinista, com o poder de formar suas próprias assembleias, gozava do direito de representação política que faltava ao resto da população francesa.

Apesar disso, no início do século XVII, os calvinistas tinham a ineludível sensação de que sua batalha estava perdida. Eles haviam tentado, sem sucesso, transformar a França em um país protestante: e um partido revolucionário que falha em reverter a situação existente está fadado a ser absorvido. Enfrentando um catolicismo em plena recuperação, o renascimento do fervor religioso, tanto na cidade como no campo (precisamos pensar na força do catolicismo parisiense: Paris sitiada por um longo tempo não havia se rendido, e o culto calvinista ainda não era permitido na cidade), o calvinismo francês foi reduzido a ficar na defensiva, e cada vez mais temia ser alvo de um golpe decisivo na reconstrução da unidade religiosa do reino. A própria contradição na posição de um soberano que ostentava o título de rei cristão, mas admitia ter entre seus súditos, em pé de igualdade com os católicos, aqueles pertencentes à religião "que se pretende reformada", era chocante. Essa presença, de fato, colidia diretamente contra o ideal político e religioso da monarquia francesa.

III
O terceiro estado

A maioria da população francesa estava incluída no "terceiro estado": agrupamento genérico e socialmente muito desigual, que ia dos trabalhadores mais miseráveis aos mais altos magistrados com pretensões de nobreza. O grosso era formado pelos agricultores. Muitos eram beneficiários de concessões de terras alienáveis e hereditárias, vizinhos à plena propriedade, mas ainda sobrecarregados com censos feudais, e muitas vezes de tamanho reduzido; então esses agricultores frequentemente precisavam tomar em concessão a terra de outras pessoas (em parceria ou aluguel), e até emprestar seu trabalho como trabalhadores. Portanto, esses proprietários de terras, casas, ferramentas de trabalho e gado estavam em melhores condições comparados aos verdadeiros trabalhadores, que dependiam de um salário, metade em espécie e metade em dinheiro, extremamente variável e incerto.

A miséria das classes agrícolas deriva da escassa lucratividade de um exercício da agricultura baseado em técnicas que havia séculos não conheciam nenhum progresso. O grosseiro instrumental disponível e a falta de fertilizantes além do estrume animal ou das cinzas de plantas silvestres queimadas empobreciam as terras e tornavam impossível o cultivo contínuo: daí a prática do "pousio", das terras deixadas periodicamente em repouso. Não havia prados artificiais e, portanto, para o pasto do gado tinham grande importância os usos coletivos da terra, que permitiam cuidar dos animais em terras alheias depois da colheita. Esse tipo de arranjo agrícola era particularmente intenso na França ao norte do Maciço Central, menos no sul e no oeste; e para aumentar sua eficácia havia o uso comum das florestas. No entanto, já nessas décadas é muito vívido o impulso da privatização da terra: os proprietários estendiam "os fechamentos" de suas terras, excluindo-as do uso comum por parte dos habitantes.

A terra da França gozava de uma reputação de grande fertilidade. A série de suas produções, do milho ao grão-de-bico, centeio, cânhamo, linho e frutas era muito rica. Particularmente importante era a vinha, especialmente difundida na região de Bordeaux, no sul, no vale do Loire, no Jura, em Champanhe. Exigia uma atividade agrícola mais especializada e dava origem a tradições que às vezes colidiam com a dos países cerealíferos, dando origem a uma diferenciação que era resultado, em conjunto, da permanência de antigas tradições e possibilidades de distribuição do produto. Uma vez que o mercado agrícola ainda era fragmentado, muitas regiões e localidades viviam uma vida econômica por direito próprio: apenas a criação da rede ferroviária, no século XIX, definitivamente romperá essa situação.

Mas ao lado dos trabalhadores agrícolas, e abaixo deles, havia, muito mais numeroso do que hoje, o grande exército de braços que excediam as possibilidades de absorção no mercado de trabalho, originando uma vadiagem muito grande, muitas vezes bastante perigosa para a segurança do campo e também para a ordem pública. Fenômeno imponente, de cujas dimensões hoje achamos difícil ter uma ideia exata.

A vida espiritual das massas é difícil de reconstruir, devido às suas limitações intrínsecas e à raridade e escassez da documentação disponível em um mundo que ignorava amplamente a escrita. Além disso, a escassa difusão da cultura média abria uma distância muito maior do que a de hoje entre o homem de cultura, o douto de um lado, e o agricultor, de outro; mesmo se, por sua vez, as classes educadas participassem de crenças, superstições e costumes populares muito mais do que acontecerá mais tarde e, ainda ligados ao culto da propriedade fundiária, passassem vários meses do ano no campo, em contato direto com as massas camponesas. Apesar de tudo, a imagem que os escritores nos deixaram do camponês francês da época é dominada por uma fundamental hostilidade e incompreensão: o camponês é um ser astuto, fechado e mau, pouco digno de simpatia. No entanto, a paz restaurada sob o reinado de Henrique IV tivera algum efeito benéfico, mesmo que não tenha havido progressos substanciais comparados à época anterior às guerras religiosas.

Na cidade, os trabalhadores eram amplamente organizados nas fileiras das guildas de artesãos (*jurandes*), que haviam se espalhado durante o reinado de Henrique IV especialmente por razões fiscais (de fato, recolhiam-se taxas para a concessão da qualificação de "mestre" em um determinado ofício). A regulamentação corporativa eliminava a concorrência, ligando a produção a técnicas e requisitos preestabelecidos, e cortava então as oportunidades para inovações técnicas e organizacionais. A estrutura fundamental dos negócios da cidade permanecia, portanto, ligada à loja do artesão com sua hierarquia de mestres, companheiros e aprendizes; e as grandes fábricas reais ou dotadas de privilégios reais (as que envolviam determinados setores do mercado ou certos procedimentos), limitadas aos ofícios de luxo e numericamente escassas (eram 48 em 1610), não incidiam realmente na fisionomia dessas atividades como um todo. A evolução que culminará na grande indústria moderna virá muito mais, como se sabe, a partir de atividades difundidas no campo, que escapam à regulamentação corporativa.

Certas ocupações, tecnicamente mais refinadas ou economicamente mais rentáveis, formavam, dentre as outras, uma espécie de aristocracia: ourives, farmacêuticos, tapeceiros, estampadores, os ligados à alimentação. Porém, mais do que os que pertenciam a tais profissões, tinham mais peso e prestígio social os comerciantes, empreendedores e fornecedores de capital, que às vezes o emprestavam a fidalgos, eclesiásticos e até ao rei; e ainda mais acima na escala social estavam aqueles que, destacando-se da vida econômica, tinham profissões intelectuais e, acima de tudo, os que exerciam profissões jurídicas. Este era o mundo das *"robe"*, de grande peso em um ambiente formalista e litigioso.

Juntamente com as profissões jurídicas, devem ser mencionados os "ofícios". Consideravam-se oficiais (*officiers*) os funcionários da atualidade, ou melhor, aqueles que ocupavam cargos nos dois ramos fundamentais da atividade estatal de hoje: a administração financeira e a judicial. No primeiro setor, administradores imobiliários, receptores e distribuidores da talha e da gabela (tesoureiros da França), os "generais das finanças", os eleitos; no segundo setor, os oficiais de justiça e senescais, os lugar-tenentes de feudos, juízes da Presidência, conselheiros do Parlamento, do Tribunal de Contas, da Câmara dos condes.

Note-se que não havia uma distinção precisa entre Poder Executivo e Judiciário; por exemplo, um presidente de Parlamento agia tanto como magistrado quanto como uma espécie de funcionário das nossas prefeituras. Os Parlamentos (em primeiro lugar o de Paris, que estendia sua jurisdição sobre grande parte da França setentrional, e depois os de Toulouse, Grenoble, Bordeaux, Dijon, Rouen, Aix-en-Provence) gozavam de grande prestígio e eram considerados guardiões das leis fundamentais do reino. Eles derivaram da antiga *Curia regis*, da qual eram uma emanação para o setor judicial, da mesma forma que o Conselho do Rei, em seus vários ramos, o era para o setor executivo. Acima dos Parlamentos foram estabelecidos no século XVI os tribunais presidenciais, com tarefas específicas de repressão de bandidos, tutela da segurança das estradas etc.; abaixo, finalmente, os mais antigos tribunais de feudos e senescais.

Os Parlamentos estavam no topo da hierarquia dos "ofícios", eram a mais prestigiada entre as grandes "companhias" do reino. Mas ao título de Cortes soberanas também pretendiam órgãos da administração executiva, como o Tribunal de Contas, o Tribunal de Justiça etc., que tinham funções de controle financeiro. Essas instituições financeiras e judiciais haviam proporcionado as maiores possibilidades de ascensão aos elementos da burguesia: através das Cortes soberanas se criara uma camada que agora tendia a se separar da burguesia ou *terceiro estado* para atingir a nobreza. De fato, os cargos ou ofícios estavam se tornando um monopólio da burguesia por meio da generalização de venalidade, a partir dos séculos XV e XVI. Na verdade, dera-se um passo adicional: os cargos eram agora não apenas venais, mas hereditários, e tendiam a se tornar uma posse privada da família dos titulares. O resultado era, entre outras coisas, um sério enfraquecimento da monarquia, que no início do século XVII podia ser considerada muito menos absoluta do que um século antes.

IV
Venalidade de cargos públicos e administração do reino

No final do século XVI e no início do século seguinte, a monarquia francesa era muito menos absoluta do que em meados do século XVI. O poderio de Henrique IV era menos extenso do que o de Carlos VIII ou o de Luís XII. Fatores importantes desse processo foram as guerras religiosas, que duraram cerca de 35 anos em todo o país e abalaram o Estado como um todo, a ponto de determinar que algumas regiões e a própria capital, por longos anos, permanecessem sob o controle da principal potência adversária, a Espanha. Com Henrique IV tudo isso já havia sido superado; mas ainda persistia o gradual enfraquecimento político-administrativo da monarquia causado pela venalidade dos ofícios.

Essa prática tinha origens antigas, seus primórdios datam dos séculos XIV e XV. De fato, acontecia às vezes que aqueles a quem os reis confiavam cargos públicos os vendessem para outras pessoas. Isso era tolerado pelo governo, pois, no âmbito de um aparato administrativo muito menos eficaz do que o de hoje, importava apenas que tal cargo fosse ocupado. Com o crescimento do aparato estatal, isto é, da burocracia e do aparato militar que a burocracia tinha de manter em pé, a necessidade de dinheiro também aumentava; então começou a estabelecer-se nos círculos governamentais a ideia de ganhar dinheiro com a venda dos cargos públicos, ou seja, fazer em âmbito público o que já se fazia no privado. Dessa forma, passou-se a confiar certas posições a indivíduos sem requisitos especiais, mas em condições de oferecer certa quantia ao governo. Esse procedimento ampliou-se cada vez mais, porque a necessidade de dinheiro impelia a criar sempre novos postos para vendê-los ao maior lance. Esses cargos eram comprados em geral pela burguesia (alguns estudos mostraram que pequenos e médios proprietários de terras se apressavam em comprar um posto que era acrescentado a outros ativos de renda que eles já pertenciam: propriedade rurais, casas, palácios etc.). No conjunto, esses postos representavam grande parte da renda das famílias burguesas, e, em geral, pode-se dizer que sua compra constituiu um dos principais caminhos pelos quais a burguesia francesa se ergueu socialmente e garantiu um certo fluxo de renda anual a ser pago pelo orçamento estatal. Nasce então a inclinação, em uma grande camada da classe média francesa, de viver com remunerações estatais. Isso era uma consequência do desenvolvimento da burocracia do Estado moderno, ligado por sua vez ao da burguesia, pois esses cargos eram vendidos por dinheiro e, portanto, tinham uma qualificação venal que os tornava indesejáveis para a nobreza.

As consequências dessa prática se tornaram cada vez mais sérias com os abusos que se verificavam, porque não só se compravam cargos, mas eles eram cedidos aos outros em uma escala maior do que no passado, e além disso eram deixados aos seus filhos como herança. O ofício se tornou uma espécie de propriedade privada, um ativo patrimonial da família. Esse fato foi detectado pela opinião pública e pelo próprio governo; procurou-se pelo menos impedir que os cargos fossem deixados em herança, estabelecendo que a atribuição feita pelo titular do cargo não era válida para seus herdeiros se o titular morresse no período de quarenta dias depois da venda. Com frequência, muitas pessoas decidiam mencionar o cargo, junto às outras propriedades, no testamento, no final de seus dias; fixando o limite de quarenta dias, o governo pensava em recuperar vários cargos. Naturalmente, isso despertou uma resistência furiosa por parte dos interessados, que durante o reinado de Henrique IV conseguiram fazer, por algum tempo, que todos os cargos fossem declarados hereditários (depois dos protestos, no entanto, a prática não continuou); de modo que, por causa das necessidades financeiras da corte, se adotou outro expediente que, devido ao nome do financista que criou o contrato – Paulet –, se denominou *"paulette"*: embora a norma geral apontasse o cancelamento da venda se o titular morresse em um prazo de quarenta dias, esta não era aplicada se os titulares pagassem um direito anual à coroa.

Assim, com as necessidades financeiras também aumentava o número de cargos: quando a coroa precisava de dinheiro, criava uma dúzia de juízes do Parlamento, postos de trabalho etc., sem qualquer relação com as necessidades do serviço. Derivava disso uma consequência um pouco mais séria: uma vez que os cargos de juízes, administradores de impostos, capitães de armas passavam a fazer parte do patrimônio privado dos oficiais, eles se tornavam independentes do poder central, pois não era mais possível fazer revogações, transferências e todas as outras medidas que poderiam ser impostas a um funcionário não proprietário do cargo. Em outras palavras, havia uma espécie de privatização do poder público; com uma comparação imprópria, pode-se falar em algo análogo ao que acontecera com o feudalismo, quando alguns cargos públicos que eram uma "honra", isto é, um ofício, foram considerados igualmente como benefícios e, portanto, privatizados. Na venda dos cargos, faltavam todos os recursos que regulavam a relação feudal; mas também aqui fragmentos do poder público se tornavam propriedade privada de pessoas que se serviam desses ofícios com crescente autonomia.

A monarquia, no final do século XVI, portanto, tinha um conjunto de ferramentas de ação menos eficientes do que aquelas que tivera cem anos antes, quando a venalidade ainda não havia se generalizado. Por toda parte se pedia sua abolição, mas as necessidades financeiras eram prementes, e o Tesouro Real não podia desistir da renda gerada pela venda dos cargos. A monarquia francesa, na verdade, já sofria desse mal que a levará à ruína, ou seja, a uma situação financeira séria que se tornava cada vez mais complicada devido ao aumento das necessidades do poder central. Vastas eram também as necessidades financeiras da política exterior, que envolviam a necessidade de manter um conjunto de instrumentos que iam da diplomacia aos espiões, à corrupção de funcionários estrangeiros, à manutenção de um aparato militar proporcional às ambições de hegemonia europeia. Com a expansão desses projetos, cresciam as exigências financeiras, e o aparato financeiro do Estado se tornava cada vez mais inadequado.

No fundo, a estrutura do sistema tributário permanecia como antigamente. Na base dele estava a talha, o imposto universal que afetava todos os não nobres e que se evitava de todas as maneiras porque pagá-lo significava ser plebeu, e as pessoas, por razões de prestígio social, se esforçavam para não ser registradas como pagantes; sua receita caía devido ao grande número de isenções, começando pela que favorecia a nobreza e o clero.

A administração funcionava assim: cada "tesoureiro da França" tinha em seu encargo uma determinada quantia de impostos e estava em dívida com o Tesouro Central por esses impostos; o tesoureiro, no entanto, devia pagá-los depois de cumprir os compromissos que o Tesouro tinha em seu distrito, ou seja, tinha de pagar apenas a diferença entre as receitas e as despesas da administração naquele distrito. Frequentemente a contabilidade local era controlada apenas por esses funcionários, que declaravam ter feito grandes despesas e ter antecipado somas, práticas que a administração central não podia verificar, a não ser com sérios atrasos e dificuldades. Então, muitas vezes acontecia de eles continuarem a coletar impostos e não os pagar ao Tesouro, alegando a necessidade de suprir as necessidades locais. Quando o Tesouro estava em dificuldades reais, era forçado a pedir empréstimos; e então esses funcionários se apressavam em oferecer adiantamentos em troca do pagamento de juros substanciais, usando muitas vezes os montantes pagos regularmente pelos contribuintes, mas ainda não contabilizados. O Estado, portanto, recebia um empréstimo e pagava juros sobre o que era propriedade dele.

Acrescentem-se a isso as despesas não definidas no orçamento: despesas da corte, despesas com pensões para membros da nobreza que dependiam inteiramente do governo e que haviam assumido proporções significativas; nos últimos anos do governo de Henrique IV, as pensões somavam, anualmente, pouco mais de 1,5 milhão de liras francesas, mas cresciam cada vez mais, e sob a regência alcançaram cifras extraordinárias. Além disso, as relações entre o Estado e o funcionário eram singulares. Não havia personagem de relevo do qual não se pudesse dizer que tivesse enriquecido à custa do Estado, começando por Sully ou Richelieu, que era um fidalgote sem dinheiro no início de sua carreira e um grande fidalgo no final dela. Mas isso não ofendia a moralidade pública. Esse tipo de confusão entre patrimônio privado e público que havia tanto no vértice como embaixo (e até nos funcionários de menor grau das finanças) também influenciava a atitude moral em relação aos deveres de integridade do funcionário perante a administração pública e, portanto, do dinheiro público.

O aparato estatal como um todo apresentava uma variedade de instituições, o que se explica tendo em mente sua origem feudal, sobre a qual várias incrustações se sobrepuseram ao longo do tempo. O conjunto era caótico e funcionava mais ou menos bem, dependendo da força política que estava no vértice. Se, de fato, essa força política não era eficiente e dotada de autoridade, acabavam se fortalecendo muitos elementos centrífugos e desordenados inseridos na estrutura de administração. Foi exatamente isso que aconteceu quando depois de Henrique IV se passou à regência, ou seja, quando de um período de exercício efetivo, o poder político foi passado para um período de fraco exercício do poder.

Isso ajuda a entender a enorme importância que tinha na estrutura do Estado francês a monarquia, o rei, tanto como uma instituição quanto como um princípio, como um fato moral. Isso não significa que ele pudesse dar ao governo um caráter arbitrário, porque havia um limite representado pelas "leis fundamentais" do reino. Essas leis eram basicamente duas: a lei sálica, que excluía a linhagem feminina da sucessão ao trono; e a proibição de o rei alienar ou ceder permanentemente uma parte do território da monarquia, que por outro lado perdia valor se, em um tratado de paz, o rei fosse forçado a cessões territoriais. Qual seria o fundamento dessas leis em relação à absoluta soberania do rei era um fato muito discutido: mas no século XVII estava se afirmando o princípio de que as leis fundamentais não tinham apenas um valor "limitativo" da soberania, mas também uma função de apoio da mesma, pois visavam garantir sua conservação. As "leis fundamentais" não eram escritas e as Cortes soberanas (Parlamentos) se declaravam guardiãs delas, e estavam sempre prontas a usá-las quando parecia que estavam sendo violadas: em suma, ao admitir que o rei era o titular da soberania, o Parlamento poderia apresentar "queixas" a ele quando uma ordem parecia contrária às "leis fundamentais".

Entende-se que o rei sempre podia registrar a ordem em "leito de justiça" [*lit de justice*], ou seja, ele podia ordenar a inscrição da ordem em questão na série daquelas do reino. No entanto, esse procedimento tinha um ar de excepcionalidade, e se supunha que o rei frequentemente desse crédito à opinião dos Parlamentos. A monarquia francesa era, portanto, uma monarquia absoluta, mas não arbitrária: ou seja, não era uma "tirania", como se dizia na literatura política da época.

O rei poderia exercer diretamente qualquer aspecto do poder público na medida em que quisesse ou pudesse fazê-lo (nem todos os reis tinham o temperamento de grandes trabalhadores: o próprio Henrique IV dizia que achava muito melhor fazer a guerra do que emitir leis). Na prática, ele era assistido pelo Conselho do Rei. Esse Conselho tinha uma fisionomia muito diferente daquela de um órgão administrativo-constitucional moderno. Sua origem era comum à dos Parlamentos, derivando da *Curia regis* da Idade Média, que se dividia em duas partes: uma, de natureza judicial, havia dado vida aos Parlamentos, a outra dera lugar ao Conselho do Rei, que estava fracionado em diferentes seções, de natureza política, administrativa e financeira. O cargo de conselheiro do rei era um dos poucos não venais. Isso era importante porque significava que, na seção administrativa, os conselheiros eram escolhidos em relação à competência, experiência jurídica e administrativa. Os conselheiros, que muitas vezes eram juristas e burgueses, usualmente possuíam um alto grau de capacidade profissional: eram os ancestrais dos vereadores de Estado criados pelo regime napoleônico. O Conselho de Finanças tinha competências específicas em questões financeiras, e também fazia parte do Conselho do Rei. Depois havia o Conselho de negócios ou *des dépêches*, que formava o verdadeiro governo. Dele faziam parte todas as pessoas que o rei considerava chamar de conselheiros. Os titulares de certos cargos, certas personalidades, tinham o direito de participar constantemente: os ministros, às vezes os príncipes de sangue, o condestável da França; e a eles se acrescentavam aqueles que na época desfrutavam de mais prestígio com o rei. Ser admitido no Conselho, de fato, era sinal de poder político. Dependia do poder efetivo do soberano que a admissão ao Conselho fosse concedida a poucas pessoas. Durante a regência, o Conselho aumentara para duzentos membros, pois a rainha não havia sido capaz de resistir aos pedidos de muitos que queriam participar: com isso, o Conselho se tornou extremamente ineficiente.

Mais do que o poder político que o rei tinha, e que o costume lhe reconhecia, contava o significado da instituição monarquista na vida moral da França. Não se pode negligenciar a importância fundamental que a ideia de realeza tinha para todo o país político, isto é, para toda aquela parte do país que estava ciente de uma comunidade política mais ampla e, além desse círculo, mesmo para as grandes massas populares. Embora de forma primitiva, a presença ideal do rei na vida da França vinha se estendendo a camadas cada vez mais amplas. A ideia de um forte poder real vinha coincidindo, para os camponeses, com períodos de paz, em contraposição à anarquia e à desordem ligadas aos períodos de domínio feudal. Expressão e símbolo dessa ideia popular de realeza era a tradição dos "reis taumaturgos" estudados por Marc Bloch em um livro famoso, de acordo com a qual os reis da França tinham o poder de curar com o contato das próprias mãos os doentes de escrófula. Porque, como se disse corretamente, o rei da França decerto não tinha uma dignidade sacerdotal: mas a consagração na catedral de Reims fazia do rei aquele que, dentre os leigos, mais era dotado de um caráter religioso e sacerdotal.

V
A monarquia "popular" de Henrique IV e a regência

Em relação ao conceito de realeza, deve-se observar o significado que o reinado de Henrique IV teve na formação da tradição monárquica dominante no período de Richelieu. O mais popular dos reis da França, conhecido pela posteridade como o rei que queria garantir uma galinha na panela de todos os franceses, o bom rei Henrique, que finalmente assegurou a paz para todos os seus súditos. De fato, o reinado de Henrique IV, precisamente porque significava o fim das guerras de religião e o estabelecimento de uma administração séria confiada a um homem do valor de Sully (protestante, mas que permaneceu ligado, mesmo depois da conversão do rei, à ideia da monarquia e à pessoa de Henrique IV), devia dar uma contribuição fundamental para a criação de uma monarquia popular, próxima da vontade e do sentimento de todos os franceses. A própria personalidade de Henrique IV, tão caracteristicamente francesa – ousado, guerreiro, homem de bom senso e não de estudos, de ação em vez de pensamento, que adorava viajar pelo reino (ele administrava visitando o país) –, contribuía muito para a sua popularidade. O rei da França ainda não havia se tornado o que será Luís XIV, uma divindade inacessível, próximo de poucos súditos. Cada uma dessas aproximações entre rei e súditos tinha, por assim dizer, um valor de propaganda notável, e o eficaz trabalho de restauração realizado por Henrique IV significava que os danos das guerras religiosas haviam sido reparados, que a economia florescia em parte devido ao interesse do rei, em parte à competência de Sully, graças ao qual as finanças conheciam agora uma série de safras de sólido equilíbrio e até de orçamento positivo. Sully conseguiu anular uma série de reservas, percorreu as províncias, controlou as contas dos tesoureiros da França, enviou a Paris carretas de prata apreendidas de administradores infiéis, instaurou um período de administração correta que, se não chegou a transformações substanciais na estrutura administrativa (porque não se pode dizer que sob Henrique IV mudaram as relações entre a autoridade central e as periféricas), deu à ideia do Estado, da realeza, um significado mais sólido na consciência dos franceses.

O reinado de Henrique IV também significou o estabelecimento de novas relações entre católicos e protestantes. O rei fizera um gesto de grande importância, passara do protestantismo ao catolicismo, prestando o juramento tradicional de expulsar do reino todos os hereges – no caso, os protestantes. É verdade que ao mesmo tempo ele entregara ao representante dos protestantes uma patente na qual garantia que, na fórmula do juramento, ele não pretendia se referir aos huguenotes; mas essa promessa não tinha muito valor porque anulava uma outra e poderia, por sua vez, ser anulada. Entre os protestantes não faltaram desconfianças, e esse foi o motivo de que, na Assembleia de 1595, insistissem em obter maiores garantias do que aquelas concedidas no passado por outros éditos. Antes do édito de Nantes, de fato, não faltaram tentativas de encontrar um *modus vivendi* entre monarquia e oposição protestante. Por exemplo, no édito de Poitiers (1577) se concedera aos protestantes uma série de garantias, que foram então lembradas por Henrique IV no édito de Mantes, anterior ao édito de Nantes. Este último, no entanto, representava algo mais importante que as concessões anteriores: a proibição de celebrar o culto protestante era restrita a um número menor de localidades; o raio de dez quilômetros ao redor de Paris, em que se proibia celebrar o culto protestante, foi reduzido a cinco quilômetros etc.; mas o fato mais importante era que uma licença real anexada ao édito garantia aos protestantes cem fortalezas de guarnições como garantia contra possíveis disparos ofensivos por parte dos católicos. Esses fortes, que no édito de Poitiers eram dez, com o de Nantes tornaram-se cem, e não eram mais concedidos por seis anos, mas por oito e, além disso, renováveis. Os protestantes também obtiveram o direito de nomear assembleias gerais por todo o reino e assembleias provinciais; e as assembleias gerais nomeavam dois defensores da religião junto ao soberano. Finalmente, câmaras especiais dos éditos junto aos Parlamentos tutelavam os interesses dos protestantes em nível judiciário.

Na política externa, Henrique IV perseguiu o objetivo da restauração da potência francesa na Europa. O grande duelo entre a França e a Espanha havia terminado na segunda metade do século XVI, aparentemente com a prevalência da Espanha. Somente o fim das guerras de religião criou as condições para que a França pudesse se propor como antagonista dos Habsburgo. Henrique IV foi muito cauteloso no assunto; sua diplomacia por muitos anos visou assegurar a paz, para garantir o trabalho de restauração dentro do reino. Sua ação mais enérgica foi conduzida pelo duque de Saboia, que detinha o marquesado de Saluzzo, ao qual a França nunca renunciara seus direitos. A conclusão foi o Tratado de Lyon de 1601, em que a França renunciou ao marquesado, mas recuperou todos os territórios fora da Saboia que o duque possuía na França (Bresse e Bugey). Foi um fato importante, porque, por um lado, excluía a França da Itália (o marquesado de Saluzzo era a porta de entrada na Itália), mas por outro reforçava a consistência territorial francesa, assegurando o domínio de territórios nacionais até então nas mãos de uma potência transalpina.

Mas, com exceção desse fato, a política externa de Henrique IV não teve iniciativas importantes, a não ser no final do reinado, em 1606, quando se inicia a questão da sucessão dos ducados de Jülich e Kleve, no Reno. Nessa ocasião, a atitude do rei francês ameaçou levar a uma guerra europeia. Depois da morte do duque de Jülich e Kleve, foram pretendentes à sucessão o eleitor de Brandemburgo e o duque de Neuburg, ambos protestantes. O problema era saber se o imperador deveria decidir a sucessão, já que se tratava de territórios pertencentes ao Sacro Império Romano. Henrique IV interveio apoiando os príncipes protestantes contra o imperador, seguindo uma linha política que a França adotara havia tempos em oposição aos Habsburgo, mas agora levando-a ao ponto de ruptura. Ele buscou se aliar aos príncipes protestantes da Alemanha, e, em apoio à iniciativa, enviou as suas tropas para as fronteiras. A guerra era temida na Europa, uma guerra na qual a França ficaria ao lado de príncipes protestantes contra a Europa católica.

Esse foi o momento psicológico (e aqui se insere a história romanesca da jovem princesa de Condé – por quem Henrique

IV estava apaixonado –, segundo a qual o rei decidira iniciar uma guerra para buscá-la nos territórios espanhóis onde havia sido levada pelo príncipe) que resultou no ataque de Ravaillac, levando ao assassinato de Henrique IV na véspera de sua partida e logo depois que ele concedeu à rainha o poder de substituí-lo durante sua ausência. Ravaillac era um católico fanático, um mestre-escola, psicologicamente desestruturado, que havia adquirido uma adaga algumas semanas atrás e seguia o rei lutando, em seu desequilíbrio interno, entre escrúpulos e tormentos e problemas contraditórios de consciência. Finalmente se decidiu; e enquanto o rei passava por uma rua estreita, pulou na carruagem e esfaqueou-o duas vezes.

A notícia se espalhou imediatamente, causando terror por toda parte: havia a impressão de que o assassinato era resultado de uma conspiração do lado católico insuflada pela Espanha. Mas em Paris os principais dignitários do Estado conseguiram controlar a situação: o comandante da Bastilha armou a fortaleza, as ruas da cidade foram tomadas pela guarda real, o duque de Épernon, governador militar de Paris, foi ao Parlamento e pediu que a rainha imediatamente fosse investida na regência. Algumas horas depois, a proposta, em princípio, foi aprovada pelo Parlamento, enquanto Sully se refugiava na Bastilha temendo que se atentasse contra sua vida, como chefe da ala protestante do governo e o máximo representante da política de Henrique IV. Nada disso aconteceu. No Parlamento, realizado no dia seguinte, o chanceler Sillery pediu deliberação em torno da questão da regência; fez-se ler para o rei, que tinha nove anos, um documento solicitando que a regência fosse conferida à sua mãe. Dessa maneira, até a maioridade de Luís XIII, o máximo poder passou para as mãos da rainha.

Nos primeiros tempos, a reação imediata dos principais expoentes do governo, que tinham o controle da situação, impediu os levantes repentinos. Abordou-se em primeiro lugar a séria questão da política externa, pois o rei havia sido assassinado quase no início de uma guerra com as maiores potências do continente. Com um rei infante, parecia apropriado abandonar a ideia de guerra; o caso foi liquidado não sem satisfação da parte dos franceses, porque eles haviam conseguido se apoderar dos exércitos de Jülich e, portanto, poderiam interferir validamente na questão relativa ao destino dos ducados. Quanto ao resto, no entanto, a política geral de Henrique IV foi deixada completamente de lado. O duque de Saboia, com quem o rei havia se aliado, foi abandonado, o que o forçou a pedir paz à Espanha em termos humilhantes, minando assim o prestígio da monarquia francesa. Também na política interna a situação estava se deteriorando.

Para entender tudo isso, é necessário ter em mente que as bases objetivas, institucionais, do absolutismo monárquico ainda eram fracas na França. Muita coisa dependia da pessoa do rei. Os assuntos políticos ainda eram, em boa parte, negócios familiares; o que estava acontecendo no âmbito privado da família real — suas contradições internas, as relações entre seus membros, a capacidade individual deles — era um elemento político decisivo para uma maior ou menor influência da autoridade monárquica no reino. É preciso, portanto, prestar atenção na personalidade da rainha. Maria de Médici era italiana, mas pelo lado materno descendia dos Habsburgo. Não tinha sido um ótimo casamento para Henrique IV, pois ao rei da França convinha unir-se apenas com uma princesa que pertencia à casa real da Áustria ou da Inglaterra, ou seja, às famílias dos maiores potentados da Europa. Mas Henrique IV era um herege, e não havia muito a tergiversar. Maria de Médici era uma mulher extremamente medíocre, vulgar e de pouca inteligência: nada semelhante a Catarina, dotada de notáveis qualidades de governo e capaz de iniciativas políticas relevantes. Essa mulher vaidosa e tímida não era de modo algum compatível com seus deveres atuais, pois era incapaz de avaliar a extensão dos problemas para os quais devia se voltar; muitas vezes, as questões políticas se reduziam, para ela, a fatos pessoais, de vaidade, de ganância, de luxo. Além disso, ela era estrangeira, intolerante e preocupada com o fato de que, de acordo com as normas canônicas, nenhum filho de herege poderia reinar: para que isso acontecesse, era necessário o consentimento do papa. Aos seus olhos, portanto, era urgente ter boas relações com a Cúria Romana e também com a causa católica, representada pela Espanha.

Daí decorreu uma mudança na política externa. Primeiro Maria de Médici realizou um projeto de casamento entre Luís XIII e uma infanta da Espanha. Sully se opôs em nome da tradição política de Henrique IV, que havia contraposto a potência francesa à espanhola, enquanto agora Maria de Médici mostrava uma espécie de complexo de inferioridade em relação aos Habsburgo e punha a França aos seus pés. Sully era contra aquilo, tanto como ex-ministro de Henrique IV como também como protestante, uma vez que os protestantes viam com extrema preocupação o fortalecimento do partido católico. Ele, portanto, pediu demissão, esperando que fosse negada; porém a regente a aceitou, e o maior representante da tradição de Henrique IV desapareceu do governo.

A morte do rei significou, acima de tudo, a retomada das ambições dos grandes do reino. Os nobres franceses sentiam-

-se ameaçados pela nova potência do dinheiro; mas, em vez de perseguir uma linha política coerente, preferiram agir indiretamente, influenciando a regente e o governo, com chantagem e medo. A rainha não encontrou nada melhor para enfrentar essa ação do que pagar uma série de pensões e doações, pilhando o tesouro acumulado por Sully. Enquanto isso, continuava a política de abordagem à Espanha, que foi coroada em 1612 pelo acordo de casamento de Luís XIII com Ana da Áustria, acompanhado de um pacto de aliança defensiva entre a França e a Espanha.

Isso provocou reações muito diversas na corte e em outros ambientes (estavam começando a se espalhar nesse período "avisos" e panfletos – antecipando a imprensa de opinião –, que se imprimiam às centenas tratando de fatos políticos: lembremos, dentre os primeiros jornais políticos, a *Gazette de France*, na qual o rei e Richelieu também escreverão mais tarde quando desejarem transmitir certas ideias à opinião pública). Nesse novo passo em direção à Espanha se entrevia, por um lado, uma garantia contra possíveis movimentos de rebelião interna, para os quais não havia a mínima possibilidade de qualquer apoio da Espanha. Portanto o príncipe de Condé, que era o líder do partido dos grandes nobres e o mais interessado em uma política independente em função de projetos muito difíceis de definir (chegou-se a pensar que queria destronar Luís XIII), estava muito insatisfeito com essa aliança. Esta era apoiada pelos Guise, uma família pró-espanhola por tradição, e em geral pelo partido "devoto" ou ultracatólico. Os protestantes enfim estavam muito preocupados e, em uma reunião realizada em Saumur, discutiram a política da monarquia e listaram toda uma série de atos de opressão cometidos contra eles. O duque de Bouillon, tradicionalmente considerado o líder do partido protestante (seu principado de Sedan, nas fronteiras do reino, outorgava-lhe uma posição de autonomia, mesmo internacional, que lembrava a dos grandes no período anterior ao renascimento do poder monárquico), assumiu uma atitude moderada, enquanto se mostrou muito mais ousado naquela assembleia o duque Henri de Rohan, que se tornará o novo chefe do partido huguenote.

Diante disso, o príncipe de Condé decidiu seguir em frente: refugiou-se em Mézières, uma fortaleza que ele controlava, e fez uma "tomada de armas" lançando uma espécie de manifesto ao país, no qual ele acusava a rainha e o governo de se colocarem a serviço da Espanha, de prejudicar a autonomia da política externa do reino, negligenciar os interesses da Igreja dentro do país, sacrificar a nobreza de espada pela nobreza de toga, de oprimir o povo com imposições fiscais. A regente se viu numa encruzilhada: ou aceitar a política recomendada por Villeroy, que era reagir com a força das armas, ou ceder, segundo o conselho de Concini. Este, com sua esposa Eleonora Galigai, viera da Itália no séquito de Maria de Médici, e ambos tinham muita influência sobre a rainha. Concini comprara o título de marquês d'Ancre e tinha uma posição forte na corte; também estava ligado ao príncipe de Condé. Junto com sua esposa, ele tentou convencer a rainha a desistir. Fez-se um acordo (Paz de Sainte--Menehould), cujo ponto principal – a pedido do príncipe de Condé, que obteve novas pensões e o governo de Amboise – foi a convocação dos Estados Gerais, que se reuniram em 1614. O príncipe de Condé esperava assim poder reunir em torno de si os descontentamentos do país. Mas seu cálculo acabou por se revelar incorreto.

VI
Richelieu entra na cena política

É precisamente nos Estados Gerais de 1614 que Richelieu aparece pela primeira vez em uma posição política de certo relevo.

Sobre sua família e os acontecimentos até sua nomeação como bispo, o volume de Burckhardt fornecerá dados suficientes. Nomeado bispo de Luçon, embora sem muitas inclinações eclesiásticas, Richelieu foi ocupar seu bispado. Era o mais pobre da França, tomado por dívidas e, além disso, as relações entre o novo bispo e os habitantes eram bastante ruins, devido a confrontos e disputas legais que haviam afastado, nas décadas precedentes, a família de Richelieu dos habitantes locais. Isso se reflete no tom dos primeiros documentos de Richelieu endereçados aos fiéis, nos quais a linguagem pastoral mal pode mascarar a dureza do tom. Richelieu primeiro alternou suas tarefas entre o bispado e seus estudos teológicos, que havia iniciado quando decidira seguir a carreira eclesiástica. Escreveu sobre questões teológicas no espírito da Contrarreforma com perspicácia, mas sem originalidade. No entanto, mesmo nesse campo sua ambição e a força de seu caráter renderam-lhe algum sucesso. Certamente os testemunhos desse período, como de todo o seu passado, parecem influenciados pelos sucessos políticos posteriores; no entanto, parece que ele se apresentou em Paris, obteve seu doutorado na Sorbonne e ganhou alguma fama como pregador.

Era natural que esse tipo de confinamento na província, em Luçon, não o satisfizesse. Ele foi para Paris, mantendo um padrão de vida superior aos seus meios, e tentou fazer amizades na corte. Não foi muito bem-sucedido; mas essas tentativas já revelam a vontade determinada do homem de se servir de sua carreira – embora diferente do esperado – para uma ascensão social, vista apenas em termos de ascensão na corte. Rejeitado na província, tentou em vão ganhar o favor dos grandes nobres do reino, nem sempre com atitudes acertadas. Mesmo assim, nesse período ele conseguiu nutrir relacionamentos que serão importantes, com Duvergier de Hauranne, então vigário do bispado de Poitiers e destinado a se tornar um dos pais do jansenismo, e ainda mais com aquele que será conhecido como padre José. Este era um homem um pouco diferente de Richelieu, sobretudo por seu intenso caráter místico; no entanto, ele imediatamente sentiu a força da personalidade com a qual entrara em contato. Foi o único com quem o futuro cardeal manteve relações de amizade e mesmo de carinho até o final da vida; Richelieu de fato explorou todas as pessoas que conheceu no decorrer de sua carreira, acabando por rejeitá-las e sacrificá-las. Os dois homens eram ligados pelo mesmo gosto pelo jogo político, a capacidade de intriga, a curiosidade e o conhecimento dos assuntos mundanos. Mas nessa afinidade havia diferentes objetivos: a grandeza do rei da França, para Richelieu; para o padre José, a restauração religiosa, vislumbrada no sonho de uma nova cruzada, no propósito de uma aliança dos príncipes cristãos pela Libertação do Santo Sepulcro, no estabelecimento de companhias de natureza comercial e ao mesmo tempo religiosa, na preparação de novas ordens religiosas para a reconquista e defesa dos Lugares Santos. Foi precisamente por causa do apoio do padre José que Richelieu conseguiu ser nomeado deputado pelo clero de seu distrito e participar dos Estados Gerais de 1614.

No ambiente dos Estados Gerais, sua personalidade impressionou alguns membros do clero, e entre eles o cardeal Du Perron, considerado o líder moral do partido ultramontano, e outras personalidades de primeiro plano, como o cardeal de La Rochefoucauld. Provavelmente por causa deles é que Richelieu foi designado como orador do clero na última sessão solene dos Estados Gerais. Naquela ocasião, ele pronunciou um discurso que se tornou famoso, embora imerecidamente. A corte, de fato, preocupada com a duração da assembleia e a agitação das pessoas que se espalhavam ao redor, havia decidido fechá-la, e sem incidentes; para isso, conquistara o apoio dos líderes de cada uma das três ordens. A designação de Richelieu entrou na estrutura dessas operações, e ele não fez nada além de repetir ideias e pontos totalmente aceitos pela corte e até sugeridos por ela; e é significativo que, embora o rei já fosse maior de idade (a maioridade era atingida aos treze anos), ele deixasse nas mãos da rainha-mãe a responsabilidade suprema em relação aos assuntos políticos. Não houve nada de especial, portanto, no discurso de Richelieu, exceto pela forma oratória, que aparentemente fez sucesso. Deve-se assinalar sua insistência no fato de que no Conselho do Rei fossem admitidos os eclesiásticos, pelo menos um, porque eles, indiferentes aos bens mundanos, eram os únicos servos desinteressados do rei: proposições banais, próprias da retórica corrente. Depois do encerramento da reunião, Richelieu voltou para Luçon.

Enquanto isso, a situação política francesa continuava se deteriorando. Os Estados gerais obtiveram algumas promessas do rei: supressão do "direito anual", da venalidade dos cargos, acusação de funcionários corruptos do Tesouro. Aumentava a força – e, portanto, as pretensões – dos grandes nobres, sobretudo do príncipe de Condé, que reconfirmava sua posição como chefe da grande nobreza. A respeito de suas ambições circulavam sérios boatos. Dizia-se que seu objetivo era o reino e queria, portanto, impedir o casamento de Luís XIII, levando a dinastia à extinção, ou criar uma situação de expectativa negativa com relação à continuidade da dinastia, para depois assumir como o primeiro dos príncipes de sangue. De fato, durante a viagem à fronteira espanhola para acompanhar o rei ao encontro com a noiva, a infanta Ana da Áustria, o séquito real foi continuamente ameaçado pela guerrilha do príncipe de Condé. O ataque não aconteceu, mas a devastação do território sobretudo pelos soldados de Condé fortaleceu na opinião pública a tendência a apoiar a monarquia como bastião da paz. As cortes francesas e espanholas se encontraram em Bordeaux, e o rei e sua noiva voltaram para Paris. Mas durante a viagem a corte passou perto de Poitiers e Luçon; e nessa ocasião Richelieu apresentou seus tributos à rainha-mãe, que o recebeu muito bem. Provavelmente foi o início de um relacionamento que logo levou a rainha a nomeá-lo esmoler do rei. Richelieu também se aproveitou da enfermidade que, durante a viagem, acometeu a princesa Isabel da França, noiva destinada ao futuro rei da Espanha, para enviar relatórios sobre sua saúde à rainha-mãe e, em seguida, entrar no círculo íntimo dessa mulher.

Enquanto isso, havia o problema do príncipe de Condé. Quando ele armara seus exércitos, Concini havia se recusado a seguir a corte em Bordeaux, afastando-se em direção ao norte, um pouco por medo, um pouco porque não estava no terreno da batalha decisiva. Contrário aos ministros que propunham a repressão, Concini aconselhou o rei a ceder. Chegou-se ao acordo de Loudun (3 de maio de 1616), que levou ao pagamento de indenizações a Condé, à sua nomeação como governador do Berry e à sua admissão no Conselho do Rei, do qual ele reivindicou a presidência. A nobreza agora assumia posições distintamente anglicanas, e lutava pela assinatura do artigo 1º do terceiro estado, sobre as relações entre Igreja e Estado, apresentado nos Estados Gerais. Mas a rainha, muito apegada ao partido "devoto", não queria nem ouvir falar naquilo, e o próprio Condé, doente e com medo de excomunhão, renunciou a essas reivindicações.

Ao entrar no Conselho, Condé mostrou uma prepotência e uma falta de autocontrole que reforçaram os rumores sobre sua aspiração à Coroa real; então a corte, incitada por Concini, decidiu reagir. O príncipe foi preso. Muitos, no entanto, interpretaram esse ato de fortalecimento da monarquia como o triunfo do favorito, da camarilha estrangeira que dominava o partido "devoto". O poder de Concini realmente havia assumido tal relevo que neutralizava a influência dos antigos ministros de Henrique IV, os quais acabaram por ser dispensados. Concini os substituiu por pessoas de sua confiança: o presidente Du Vair, novo chanceler no lugar de Sillery, o superintendente (ministro das Finanças) Barbin, personalidade notável e de grande experiência;

e finalmente o bispo de Luçon, que caíra nas graças da rainha e ficou encarregado do Ministério das Relações Exteriores.

A experiência de Richelieu nas Relações Exteriores foi muito breve: eventos iminentes, como o golpe de Estado do rei, o assassinato de Concini e a ascensão de Luynes, em breve o expulsarão do governo. Por outro lado, a ação de Richelieu nesse período não tem nada de original; pelo contrário, ele cometeu graves erros de política externa, que na verdade não devem ser atribuídos apenas a ele, mas à deterioração geral da posição francesa nos primeiros anos da regência. Abandonado o duque de Saboia, acertada do melhor modo a questão de Jülich e Kleve, o governo francês não tomara nenhuma outra iniciativa. E, com a evolução da situação europeia, a posição internacional da França ficava cada vez pior.

Três potências dominavam a Europa: a Espanha, o Império, a França. De longe, a mais forte era a Espanha, que estava, sob a regência de Carlos V, quase atingindo seu objetivo da monarquia universal e certamente da hegemonia europeia, excluindo a França da península italiana e conquistando uma influência política no Império por meio da identidade da dinastia. As possessões espanholas se estendiam aos Países Baixos católicos, ao Franco-Condado, Milão e Nápoles. O predomínio sobre a Itália tinha sido consolidado pelos laços com a casa da Áustria, que, controlando a Alsácia, unia os territórios meridionais dos Habsburgo aos Países Baixos. Era importante, para esse objetivo, ter o controle da Valtellina, pertencente ao Cantão dos Grisões (Suíça), mas povoada por católicos. A Valtellina era um ponto de contato entre os domínios cisalpinos e os renanos da Espanha, ou seja, os domínios que tendiam a enclausurar o Reino da França.

Uma situação particular era a do Império. Os domínios da casa da Áustria haviam se espalhado até compreender, além dos países chamados hereditários, o Reino da Boêmia e da Hungria; um arquiduque de Habsburgo dominava a Estíria. No Reino da Boêmia, se desenrolava a sucessão da Coroa imperial. Os eleitores eram o rei da Boêmia, o margrave de Brandemburgo, o duque da Saxônia, o eleitor palatino e os arcebispos de Trier, Mainz e Colônia. Três dos eleitores laicos eram protestantes e apenas um, o rei da Boêmia, católico. Estes, votando por si mesmos, conseguiam, juntamente com os três eclesiásticos, determinar a sucessão católica. Portanto, aqueles que controlavam o reino boêmio controlavam também a sucessão imperial. O conjunto dos domínios dos Habsburgo tivera uma caracterização precisa na época de Filipe II, quando a causa espanhola fora claramente identificada com a causa católica. O exército espanhol abria caminho para a Contrarreforma. Era natural, portanto, a simpatia da Igreja católica pela Espanha, ainda que com alguma apreensão, pois um domínio absoluto espanhol na Itália era perigoso para a independência do Estado papal (a influência do papado, como potência autônoma, era muito relevante tanto por suas extensas relações internacionais como pelo controle do vasto exército das novas ordens religiosas da Contrarreforma — carmelitas, capuchinhos e, acima de tudo, jesuítas —: uma rede de informantes, de personalidades políticas, de administradores públicos pertencentes a Roma).

Durante a regência de Maria de Médici, a situação no Sacro Império Romano havia se agravado, sobretudo na Boêmia. Lá a maioria da população se tornara protestante, e também grande parte da nobreza, que reagia vigorosamente às tentativas de centralização absolutista dos Habsburgo. A organização formalmente católica do reino começava a ceder sob a pressão da vasta infiltração protestante. Com a "Carta de Majestade" de 1609, Rodolfo de Habsburgo teve de conceder um alto grau de autonomia às confissões protestantes. Essas concessões, apesar do ressentimento da esfera católica, haviam assegurado uma fase de distensão suficiente entre as duas Igrejas. Quando Rodolfo morreu, Matias chegou ao poder; ele tinha confirmado a "Carta de Majestade", mas representava uma tendência católica mais intransigente. Também na Áustria, na época de Maximiliano II, houvera uma infiltração luterana: os espanhóis se preocuparam, e Filipe II se certificara de que os arquiduques da Áustria viessem a ser educados na Espanha, em um ambiente seguramente católico. E, na verdade, muito mais intransigente em termos de religião, mais ortodoxo e animado pelo zelo católico era o arquiduque Fernando da Estíria, sobre o qual Matias pensava em fazer recair a sucessão imperial. (Lembremo-nos do mecanismo da sucessão eletiva. Tornava-se eleitor conquistando o Reino da Boêmia; a nomeação como imperador era precedida àquela do rei dos romanos, então o designado entre os Habsburgo tendia a obter esse título, que sancionava na prática a designação imperial).

Matias estava velho e doente, e na Europa já se discutiam os problemas de sucessão. Na França, debatia-se na imprensa política se o reino devia intervir ativamente como nos tempos de Francisco I, ou se deveria seguir uma linha diferente. Na realidade, a situação francesa não era muito fácil, devido ao entrelaçamento de problemas internos e externos criado pela presença da minoria protestante. Era de interesse da França que o poder dos Habsburgo não fosse reforçado e por isso, já na época de Francisco I, o país se alinhara a alguns príncipes protestantes alemães que se opunham ao imperador. Perigoso, para os interesses franceses, era além disso o acordo assinado entre o rei da Espanha e Matias: a Espanha renunciava a propor uma alternativa a Fernando da Estíria (poderia ter sido o príncipe Alberto de Habsburgo, que governava os Países Baixos) e apoiava a designação de Fernando; por outro lado, obtinha do imperador a cessão da Alsácia e, do próprio Fernando da Estíria, o Tirol.

Mas o perigo de uma crescente prevalência espanhola não assustava, antes era defendido pelo partido "devoto" que controlava a rainha e chegara ao poder com a demissão dos ministros de Henrique IV. Por outro lado, aos velhos *politiques* se ligava o partido dos "bons franceses", para quem o interesse fundamental era o do reino em conjunto, e o rei tinha de ser um soberano igualmente benévolo para todos os súditos, enquanto franceses, independentemente da fé religiosa. E os "bons franceses" afirmavam representar a tradição de Henrique IV: mas, concretamente, o que a monarquia deveria ter feito? Para não sucumbir à hegemonia espanhola, deveria ter se apoiado em seus adversários, ou seja, retomar a política de contraposição dos príncipes protestantes do Império aos Habsburgo, aproximar-se da Inglaterra e dos Países Baixos. Mas isso a levaria a depender cada vez mais estritamente daqueles que eram os protetores tradicionais do partido huguenote, fortalecendo assim esse tipo de Estado no Estado e potencializando o maior obstáculo na via de restauração da autoridade monárquica.

Era, portanto, difícil encontrar uma saída que conciliasse as duas exigências. E este será precisamente o trabalho de Richelieu: fundar o absolutismo no interior do reino reprimindo os protestantes, e ao mesmo tempo combater a hegemonia da

Casa de Habsburgo servindo-se de protestantes no exterior. Era uma tarefa enorme, porque de seu sucesso derivaria a hegemonia francesa na Europa; e era muito superior às forças daqueles que governaram a França sob a regência e, na primeira fase de seu governo, se mostrou superior ao próprio Richelieu (que ainda era designado pelo nome de seu bispado, Luçon), cuja tentativa de dar ao reino uma função autônoma na Europa acabou se revelando falaciosa. Richelieu terminou esse primeiro ministério com um grande fracasso político e, no final, a posição da França acabou piorando: e isso bem na véspera da Guerra dos Trinta Anos.

VII
Fracassos diplomáticos e guerras entre Maria de Médici e Luís XIII

Na véspera da Guerra dos Trinta Anos, a política externa francesa já revelava todos os inconvenientes da falta de uma direção forte, adequada à gravidade do momento europeu. A presença de Richelieu no Ministério de Relações Exteriores e da Guerra, do outono de 1616 à primavera de 1617, não havia introduzido substancialmente novos elementos; as iniciativas que ele tomou não eram adequadas para a situação objetiva e refletiam bastante a inexperiência de um homem que vinha, pela primeira vez, tratar dos grandes assuntos de Estado.

Além disso, a situação na França era particularmente difícil para um personagem que pertencia ao grupo dos protegidos por Concini, como era de opinião comum. A impopularidade do favorito florentino, e ainda mais a de sua esposa, agora estava se espalhando, e também recaía sobre os que eram relacionados, mais ou menos, à fortuna do "marechal de Ancre". Isso já se percebia claramente no círculo da equipe diplomática – o velho pessoal de Henrique IV –, acostumada a receber ordens de velhos ministros: Brûlart de Puysieulx, secretário de Relações Exteriores, e, acima de tudo, o chanceler Brûlart de Sillery. Estes haviam ganhado o apelido de "vagamundos" e representavam a tradição de Henrique IV. Era natural, portanto, que o recém-chegado, o jovem bispo escalado com a proteção do favorito odiado, parecesse um intruso que não merecia muito crédito.

A principal iniciativa de Richelieu, durante o período de seu ministério, foi propor às potências envolvidas nas principais controvérsias europeias a mediação da França, que deveria ser efetivada por meio de um acordo de todas as potências em uma reunião a ser realizada em Paris ou em outro lugar.

As questões encobertas, para Richelieu, eram essencialmente as italianas. Ainda agia sobre ele a sugestão de lembranças do século anterior, quando a Itália era o grande teatro da luta pela hegemonia europeia. Os problemas alemães passavam para segundo plano, mesmo no momento em que se elegia, em Praga, o novo rei dos romanos, o futuro imperador Fernando, no momento em que surgiam as premissas da Guerra dos Trinta Anos. É sugestivo o fato de que Richelieu escrevesse, na época, seis ou sete cartas ao embaixador em Praga, ao passo que escrevia cerca de vinte para o seu representante na Itália, o monsenhor de Béthune: essa diferença de número já demonstra a diversa intensidade de interesse em relação aos dois teatros.

Uma das principais questões então na Itália era a de Monferrato. Esse pequeno estado, sujeito ao senhorio do marquês de Mântua, tinha considerável importância estratégica devido à grande fortaleza de Casale. Os especialistas militares da época viam na fortaleza, localizada perto da fronteira do Reino da França, um dos pontos estratégicos fundamentais para o controle das grandes passagens. Por esse motivo, Monferrato fora repetidamente objeto de disputas entre o duque de Saboia e a

Espanha – ou melhor, o governador de Milão, que representava a Espanha no território milanês e que tinha uma grande margem de autonomia política também em política externa.

A questão da autonomia desses governadores, que era em parte artificialmente mantida pela Espanha para estabelecer um nível diverso de responsabilidade entre o governo central e os governos periféricos, tinha suas raízes na própria estrutura do Império espanhol. Os estudos de Chabod mostraram, precisamente em relação ao Estado de Milão, a importância que a tradição política do velho ducado independente tinha na determinação da política dos governadores espanhóis, que haviam substituído os velhos duques. Eles adotavam as diretrizes políticas que tinham sido dos antigos soberanos independentes, enquanto os interesses objetivos, para dizer com uma palavra moderna, geopolíticos do ducado de Milão acabavam por se impor na linha de ação do governador e fazer predominar os interesses particulares do território no que diz respeito às diretrizes da política geral da monarquia.

A sucessão de Monferrato era uma questão em aberto entre o duque de Saboia e o governador de Milão, ou seja, a Espanha. Para resolvê-la, Richelieu propôs, através do monsenhor de Béthune, que os representantes da Espanha e do duque de Saboia se encontrassem em Paris para chegar a um acordo. Fez a mesma proposta a Veneza e a Fernando de Habsburgo, arquiduque da Estíria, que estavam envolvidos em uma guerra em andamento pela questão dos uskoks. Estes eram piratas cristãos, instalados perto de Fiume, que encontravam refúgio nas numerosas ilhotas e enseadas da costa da Dalmácia. Justamente porque eram cristãos, eles atacavam principalmente os navios turcos, embora em muitos casos acabassem não fazendo muitas distinções entre navios cristãos e turcos. Isso era, para Veneza, uma fonte de grande embaraço, não só por causa das perdas que sofria por conta própria, mas também porque a ação dos uskoks dava ao Império Otomano um forte motivo de questionar o monopólio veneziano da navegação militar no Adriático. Era um princípio tradicional da política da República que no Adriático não pudessem navegar navios de guerra pertencentes a outras potências. Porém, essa alegação de hegemonia tinha de ser justificada por garantias adequadas para o tráfego das potências com as quais Veneza estava em paz (começando pelos turcos, com quem tinha interesse em preservar as melhores relações, dadas as graves perdas sofridas no passado). A presença dos uskoks mostrava a incapacidade de dar essas garantias.

Por que Veneza não conseguia prevalecer sobre os uskoks? A potência naval dos piratas não era capaz de se confrontar com a da República. Claro, eles tinham embarcações velozes, que atacavam os navios mais lentos, e escapavam da perseguição de galés venezianas refugiando-se no litoral; mas, em geral, os meios utilizados por Veneza para combatê-los não eram inadequados. A razão fundamental da imunidade dos uskoks era porque se estabeleciam em territórios que estavam sob a proteção do arquiduque da Estíria, Fernando de Habsburgo, que impedia os venezianos de atacá-los por terra em suas bases, isto é, nas cidades que estavam sob sua alta soberania. Um ataque vindo do mar, por outro lado, parecia muito difícil militarmente, dadas as características da costa.

As preocupações que surgiam das ações dos uskoks eram tão graves – mais pelas complicações sobre o monopólio da navegação militar no Adriático, e menos pelos danos diretamente sofridos — que a controvérsia entre Veneza e o arquiduque da Estíria levou à guerra. Mas, apesar de algum sucesso veneziano, não foi possível chegar a uma decisão. Veneza estava na fase de declínio de seu poder. Do ponto de vista naval, suas galés a remo haviam sido tecnicamente superadas pelos grandes galeões de vela usados pelo holandeses e ingleses. Quando surgirem no Mediterrâneo os veleiros dos corsários protestantes, será o fim de grande parte do comércio veneziano e também do poder militar da República. Só depois de muitos anos é que os venezianos decidirão comprar navios a vela na Holanda. Além disso, Veneza era extremamente fraca do ponto de vista terrestre; na verdade, apenas por suas boas relações com um poder protestante conseguiu recrutar tropas holandesas para liderar a guerra contra o arquiduque.

Também a Veneza Richelieu fez a proposta de uma mediação do rei da França para resolver a disputa com o arquiduque. Pareceu-lhe que os primeiros avanços do monsenhor de Béthune foram bem-sucedidos. Na verdade, a proposta parecia fora do comum tanto para os Saboia como para os espanhóis, para os austríacos e venezianos. A ideia de que bastava conclamar uma espécie de congresso para resolver essas disputas parecia esconder algum projeto ambíguo. Veneza estava ligada à França por uma política de amizade tradicional: havia décadas a República buscava no apoio francês uma espécie de garantia contra a hegemonia espanhola na Itália; no entanto, os venezianos preferiram dirigir-se ao rei da Espanha para que interviesse junto ao arquiduque com sua autoridade de chefe da dinastia habsburga. A indignação e confusão de Richelieu — convencido de que sua mediação seria um grande sucesso — foram enormes quando percebeu que realmente havia sido deixado de lado. Ele tentou salvaguardar a dignidade da França convocando os embaixadores venezianos e acusando-os de deslealdade: obteve grandes desculpas. Mas sua iniciativa diplomática havia naufragado.

Também sobre a disputa entre o duque de Saboia e o governador de Milão, sua tentativa foi um fracasso. O duque de Saboia preferiu se dirigir ao papa como mediador; e foi o papa que tomou a seu encargo a tentativa de resolver a controvérsia de Monferrato. Mais uma vez, o rei da França e seu ministro das Relações Exteriores foram excluídos das negociações.

Na Alemanha, entre os príncipes protestantes, era largamente difundida a opinião de que o governo francês havia caído nas mãos do partido "dos devotos", isto é, do zeloso partido católico. Já existia então uma opinião pública politicamente orientada, embora incipiente; ela se manifestava através de panfletos que continham, como hoje fazem os editais de jornais, opiniões sobre personagens ou análises e exposições de fatos e situações. Esses panfletos eram depois reunidos em volumes relacionados ao mesmo tópico. Então, na Alemanha, a França sempre havia desenvolvido uma política de apoio aos protestantes, mais ou menos em função anti-habsburga. Portanto, a predominância do partido "devoto" e pró-espanhol, que parecia liderado pela rainha-mãe, tendo Concini como seu executor, não poderia deixar de despertar duras críticas dos protestantes alemães. Havia críticas generalizadas também nas cortes que faziam limite com a França, como a do conde palatino Frederico V, um dos principais eleitores do Império e o maior expoente da Liga Evangélica Calvinista (na Alemanha, as confissões eram a católica, a luterana e a calvinista).

Para fazer frente a essas críticas, Richelieu enviou uma missão ao marechal Schomberg e deu-lhe uma instrução muito longa (estampada nas *Lettres, instructions diplomatiques et papiers* de Richelieu), a qual constitui o primeiro documento diplomático importante redigido pelo cardeal.

Toda uma literatura floresceu em torno dessa instrução, devido a uma frase que diz mais ou menos: "É absolutamente falso que tenhamos nos tornado tão espanhóis e tão romanos a ponto de abandonarmos nossas alianças protestantes; queremos conservar nossos vínculos com os príncipes alemães, e desafiamos qualquer pessoa a dizer que não somos e sempre fomos fiéis aos nossos compromissos".

Os historiadores de Richelieu, e com maior autoridade entre todos Gabriel Hanotaux, sustentaram que essa instrução já contém o núcleo da nova linha do cardeal diante da política pró-espanhola, católica e contrarreformista da regência: alianças protestantes, esforço de desvincular a França da política contrarreformista e de iniciar a luta contra a hegemonia dos Habsburgo, mesmo sem se abandonar nas mãos dos protestantes.

Essa interpretação certamente deve ser considerada exagerada. Quem lê a instrução reconhece que o objetivo de Richelieu era apenas um: justificar o comportamento do governo da regente aos príncipes alemães. É verdade que existe essa frase, mas há também uma espécie de história das relações entre Maria de Médici e os grandes nobres, entre Maria de Médici e Concini, e tenta-se justificar a posição que Concini alcançara na corte da França. Tudo isso provocou a cordial acolhida dos príncipes alemães a Schomberg, mas que na realidade não eram de grande importância. De fato, não era mostra de muita habilidade apresentar-se aos príncipes menores com uma justificação da própria política interna, da conduta do soberano em sua própria corte e de seu relacionamento com os cortesãos: acabava prejudicando o prestígio de um soberano que então queria atuar como guia das forças anti-habsburgas. Havia também, na instrução, uma tentativa de tranquilizar os príncipes católicos, negando que a França quisesse apoiar os protestantes contra os católicos.

Em essência, o conteúdo da instrução era uma defesa da política da regente, redigida em termos que, no plano diplomático, não são os mais felizes. E se a princípio Schomberg teve a impressão de ser recebido com muita afabilidade, mais tarde teve de enviar relatórios que mostravam a Richelieu que seus cálculos não eram acertados e que nas cortes aliadas, e especialmente nas protestantes, havia muita má vontade contra a França. Repreendia-se, em relação à corte francesa, também o pagamento irregular de pensões tradicionalmente concedidas aos príncipes alemães para vinculá-los à política contrária aos Habsburgo. Em geral, o prestígio da monarquia francesa estava em declínio na Alemanha.

O mesmo acontecia na Itália, onde, na origem das desventuras da política francesa, estava a negligência em relação ao duque de Saboia. Com o Tratado de Bruzolo, este se aliara a Henrique IV e se preparava para a grande guerra que o rei deveria ter começado; mas, depois da morte de Henrique IV, ele havia sido praticamente abandonado à Espanha, para a qual teve de fazer sérias concessões. O abandono de um dos mais antigos e sólidos aliados da França despertou a desconfiança de todos os seus aliados europeus.

Enquanto a política exterior francesa se debatia em torno dessas situações, dentro do reino houve uma inversão radical da situação: apareceu em cena um personagem que já deveria estar lá porque já atingira havia vários anos a maioridade legal, mas até aquele momento era mantido afastado pela rainha: esse personagem era o rei.

Luís XIII era um jovem que sofria em decorrência da educação recebida. Fisicamente frágil, ele havia sido atingido por uma série de doenças que enfraqueceram sua fibra, e aparentemente fora afetado por uma forma de tuberculose que não o abandonou por toda a vida. Além disso, de acordo com alguns embaixadores venezianos, a regente o educara mal para, com isso, atrasar sua intervenção nos assuntos de Estado. A educação de Luís XIII era basicamente de caráter militar. Hábil cavaleiro e espadachim, ele tinha uma boa preparação como oficial inferior. Obstinado, convencido de sua própria grandeza e de seus direitos a ponto de ser capaz de atos de crueldade para sustentá-los, era, na verdade, um jovem solitário e profundamente infeliz. Além disso, o tipo de educação que se recebia na época não era muito bom. Quando Luís XIII já era rei, sua mãe batia nele na frente dos cortesãos; e de fato o próprio Henrique IV pedia à rainha que batesse no filho. O rei, portanto, era cheio de complexos, como acontece com pessoas sem grande estatura que devem executar tarefas maiores que eles mesmos. Era atormentado pela disparidade entre o que ele era e o que queria e devia ser. Não é de admirar, portanto, a influência exercida sobre ele por seu primeiro amigo, que era seu falcoeiro. Luís XIII foi um grande caçador e esse falcoeiro assumiu grande importância aos seus olhos. Tratava-se de um pequeno fidalgo provençal chamado Luynes, um bom cavaleiro, desenvolto e fiel, que tinha todas as qualidades que poderiam agradar a um jovem basicamente simples como o rei. A amizade não escapou aos olhos da rainha, que viu a relação entre os dois com suspeita, e até pensou em substituí-la por alguma outra influência. Uma vez disse ao rei que sabia de boatos contra sua própria pessoa, com o objetivo de jogar o rei contra a mãe; mas Luís XIII se aconselhou com Luynes, que quis participar da conversa e negou que alguém já tivesse falado mal da rainha.

Na realidade, foi Luynes que conseguiu canalizar o desgosto existente entre os nobres franceses, a burguesia e o povo contra Concini. Esse descontentamento nascia em parte porque Concini conseguira acumular uma enorme riqueza, em parte porque se observava algo sombrio no poder desse estrangeiro, em parte porque a xenofobia, especialmente popular, havia excitado as massas contra Concini: isso foi visto principalmente depois da prisão do príncipe de Condé, quando o palácio de Concini foi saqueado durante dois dias pela multidão. Essa hostilidade levou à organização da conspiração que culminou com o assassinato de Concini por obra do marquês de Vitry, comandante da guarda do rei: um homem violento que parecia o mais adequado para concluir o negócio. Com o assassinato de Concini, todos os cavalheiros correram para o rei, enquanto a rainha-mãe se fechava em seus aposentos: o próprio Richelieu, quando se apresentou ao rei, foi expulso. Os antigos ministros de Henrique IV recuperaram o poder, e apenas por seu relacionamento discreto com Luynes é que Richelieu não foi preso como os outros ministros de Concini.

Dessa maneira, o rei se tornou o livre governante da França. Mas sozinho ele não podia exercer o poder, precisava daqueles que o apoiavam: e quem poderia fazer isso melhor do que o fiel Luynes? Este, de fato, depois de ter declarado inicialmente que não queria participar das sessões do Conselho, começou muito cedo uma carreira fabulosa. Autodenominou-se duque e par da França, povoou o reino com seus favoritos, acumulou uma enorme riqueza, e nos últimos anos de vida se fez nomear condestável da França, ou seja, comandante supremo do exército. Todas essas coisas acabaram despertando em relação a ele a mesma animosidade que já havia atingido Concini. Enquanto isso, a questão principal era decidir o destino da rainha-mãe. Determinou-se que lhe seria confiado o governo de Moulins, mas, como o palácio que deveria hospedá-la necessitava de reparos, ela foi autorizada a residir em Blois. Lá, a rainha continuou a se corresponder com Richelieu, já desde aquela época seu homem de confiança. Isso levou Luynes a exilar o bispo de Luçon em Avignon (ou seja, no exterior, uma vez que Avignon pertencia ao papa), onde ele passou um ano escrevendo memórias de autojustificação. Na realidade, manteve muitas relações com a França; tinha também a companhia de seu irmão, o marquês de Richelieu, que era o chefe da família e que o ajudou muito, pois também era um homem de confiança da rainha-mãe. A morte do marquês em um duelo em 1619 foi um duro golpe para Richelieu e contribuiu para aumentar a aversão aos duelos que será uma das características de sua primeira fase do governo.

Enquanto a rainha estava em Blois, na opinião pública – bastante inflamada quando se tratava de pessoas da família real – começou a se formar uma onda contrária. A impopularidade se transformava em simpatia agora que um novo favorito tomara o lugar de Concini e Luís XIII parecia ingrato com a mãe, que basicamente havia governado em seu nome durante todos aqueles anos. Os grandes nobres, por outro lado, não suportavam o novo favorito, aquele homenzinho da Provença; e em 1619, em comum acordo com a rainha-mãe, tentaram uma primeira revolta. Em um ato romanesco, a rainha pulou de uma janela de sua residência em Blois e passou pelo fosso, fugindo para encontrar o duque de Épernon. Este, antigo amigo de Henrique III e Henrique IV, era coronel-general de infantaria, muito popular no exército, e governava a província de Metz, uma fortaleza importante porque ficava perto da fronteira. Na véspera do levante, deixou a província nas mãos de seu filho e partiu em direção a Blois, e foi ele quem resgatou a rainha depois que ela fugiu do castelo. Formou-se então um alinhamento de forças em torno da rainha-mãe.

Os perigos da situação eram evidentes. O motivo de preocupação não era nem tanto a rainha ou o duque, apesar da grande popularidade que ele tinha no exército, mas os protestantes que estavam por trás deles e que desde os primeiros eventos da Guerra dos Trinta Anos haviam sido pressionados a se colocar em posição defensiva contra a coroa. Pareceu então que a política de Luynes era errada e imprudente e pensou-se que no fundo havia um homem que sempre sugerira o caminho certo, ou seja, a conciliação entre mãe e filho. Este homem era o bispo de Luçon, confinado em Avignon: ele foi chamado para ser o mediador entre o rei e Maria de Médici, e foi ele quem concluiu o acordo que encerrou aquela que os historiadores costumam chamar de primeira guerra entre mãe e filho. Na realidade, não foi uma verdadeira guerra, mas uma "tomada de armas", como se dizia na linguagem da época.

No ano seguinte, no entanto, ocorreu a segunda guerra entre mãe e filho. Os grandes nobres não estavam satisfeitos; do lado do rei estava agora o príncipe de Condé, libertado por ele, que só pensava em se vingar da rainha e incitava o rei à intransigência. Por outro lado, Richelieu mostrou na ocasião um dos aspectos de sua habilidade política – um aspecto, pode-se dizer, inferior, mas que foi uma das condições essenciais de seu sucesso –, conseguindo tornar-se indispensável para a rainha--mãe. Essa habilidade de intriga era de grande importância em uma situação em que a vida política se fazia na corte, e conquistar a simpatia, a aprovação ou a amizade de um membro da família real, e especialmente do rei, era a base de qualquer problema político. De muitas partes se solicitava a reconciliação de mãe e filho, e o próprio Luynes era a favor disso, pois permitiria reunir em torno da coroa um núcleo de forças suficientes para resistir à grande nobreza, que ameaçava o retorno a um governo substancialmente feudal. Richelieu, no entanto, entendia que, no dia em que Luís XIII e Maria de Médici fizessem um acordo, ele não teria mais importância: não seria mais necessário para a rainha nem perigoso para o rei. Era este, portanto, o momento favorável para sua ascensão.

Em 1620, ocorreu a segunda "tomada de armas", e dessa vez o alinhamento dos nobres foi mais amplo. Todos os grandes fidalgos, dos Rohan aos Longueville, os dois Vendôme, o duque de Mayenne, ou seja, todos os grandes nobres protestantes e católicos se alinharam com a rainha, em um território que incluía vastas áreas do país, especialmente o norte e o sul do Loire, na França ocidental. Mesmo nessa ocasião, porém, ficou claro que a monarquia era, na França, uma força efetiva: seu prestígio era sólido, especialmente na burguesia média que governava as cidades, entre os que compraram os cargos, os "oficiais", que justamente por isso estavam interessados na força da coroa. É verdade que, em 1617, logo depois do assassinato de Concini, Luís XIII havia convocado uma assembleia de notáveis em Rouen, na Normandia (ou seja, não os Estados gerais, mas alguns poucos expoentes do clero, da nobreza e dos oficiais, que representavam em certo sentido o terceiro estado), prometendo a abolição do direito anual e sancionando a abolição da venalidade de todos os cargos da casa do rei, algo indesejável para os oficiais e para a burguesia e muito favorável aos nobres. Mas, quando se deram conta de que a rainha tinha todo o apoio da grande nobreza, voltaram atrás e novas concessões foram feitas aos burgueses. A taxa anual (*paulette*) foi reconfirmada, isto é, a hereditariedade dos cargos foi consolidada.

Diante do pequeno exército do rei, as esquadras que seguiam os grandes desapareceram como névoa ao sol, grandes fortalezas abriram a portas, e bastava que o rei se apresentasse para que, diante do prestígio desse nome, ninguém quisesse lutar. Houve uma luta principal que acabou com várias centenas de mortos perto de Angers, os rebeldes fugiram e Luís XIII mostrou-se em seu melhor aspecto, que ainda era o de Henrique IV, isto é, de rei combatente. O resultado do novo acordo entre a rainha-mãe e o rei, que pôs fim a essa segunda guerra, foi a confirmação do governo de Angers à rainha, e o pagamento de grandes somas e indenizações aos nobres.

Basicamente, a segunda guerra não trouxera grandes mudanças. Note-se que Richelieu insistiu com a rainha para que mantivesse o porto de Nantes, ou pelo menos um porto no oceano para ter a possibilidade de recorrer à ajuda externa. Richelieu, em suma, a fim de manter os favores da rainha, agia durante esse período contra os interesses da monarquia francesa.

VIII
Luís XIII contra os protestantes. A "Defenestração de Praga"

Concluída a segunda guerra entre mãe e filho, Luís XIII começou a voltar sua expedição contra aquele mundo protestante que estava por trás da revolta dos nobres.

Os protestantes franceses, no momento do choque mais decisivo entre os dois partidos, tinham visto no discurso católico e pró-espanhol do governo uma ameaça às garantias obtidas com o édito de Nantes; também temiam o endurecimento da política monárquica, que pretendia agora resolver problemas que havia muito tinham sido deixados em aberto. Entre estes, estava a questão da Igreja católica do Béarn (a região de origem de Henrique IV, correspondente ao atual departamento do baixo Pirineu, cujo centro principal é Pau). Desde os tempos da rainha Joana d'Albret, mãe de Henrique IV, o protestantismo naquela região alcançava uma posição de predomínio: não apenas o culto católico era proibido, mas todos os bens da Igreja católica tinham passado para os protestantes. Depois da conversão de Henrique IV, o papado havia por muito tempo insistido na devolução desses bens; Henrique IV, porém, sempre adiava a questão, e semelhante havia sido a atitude do governo francês até aquele momento. Agora, Luís XIII, seguindo a pressão exercida sobre ele e seu governo pelo partido "devoto", decidiu encerrar a controvérsia.

A força do partido católico estava aumentando; também crescia a influência de homens como o cardeal La Rochefoucauld, du Perron, Bérulle (o fundador do oratório) e o jesuíta confessor do rei, que também participava desse renascimento do sentimento católico que estava substituindo, na Europa, em especial na segunda metade do século XVI, a onda de ceticismo renascentista e que agora acometia as esferas dominantes do governo e a própria pessoa do rei. Por outro lado, a eliminação de um baluarte protestante significava mais um passo no sentido da subordinação de todos os franceses à autoridade da coroa, que permanecia a aspiração mais alta da monarquia, mesmo que os acontecimentos das últimas décadas a tivessem mais afastado do que aproximado desse ideal.

Luís XIII, portanto, continuou sua marcha entrando no Béarn, expulsou os antigos servidores de Henrique IV e Joana d'Albret, devolveu os bens à Igreja católica, deixando ao clero protestante as pensões que asseguravam a continuação do culto; ao Béarn, além disso, que juridicamente não fazia parte do Reino da França, não se estendeu o édito de Nantes. A feroz resistência dos protestantes fez da questão do Béarn a causa de uma verdadeira guerra religiosa, de uma "tomada de armas" do partido protestante, agora liderado pelo duque de Rohan, descendente da família que havia dominado a Bretanha, uma das maiores famílias da França.

O rei retomou as operações no ano seguinte. Foi uma guerra conduzida sem muita consideração. As cidades eram sitiadas e forçadas a capitular, seus muros eram destruídos, revogavam-

-se os privilégios das cidades rebeldes, que às vezes (como em Nègrepelisse) eram abandonadas ao saque das tropas com uma crueldade que apenas a Guerra dos Trinta Anos tornaria habitual naqueles anos.

Foi uma guerra religiosa e, ao mesmo tempo, civil, que continuou por dois anos sem chegar a um resultado decisivo; durante o primeiro ano, de fato, o esforço da campanha real fracassou sob as muralhas de Montauban, sitiada havia muito tempo, mas não conquistada, apesar da participação do rei e de Luynes.

O fracasso comprometeu seriamente a influência de Luynes sobre o rei. O favorito já estava se mostrando inferior à gravidade dos problemas do momento, tanto internos quanto externos – a Guerra dos Trinta Anos já irrompera; sua timidez como líder militar fez o resto, afastando-o irreparavelmente das graças de Luís XIII. Depois do fracasso, no entanto, Luynes foi atingido por uma doença grave, que o levou à morte em 1621.

No ano seguinte, a guerra recomeçou, mas também dessa vez os protestantes conseguiram resistir, sob a orientação de Rohan, na fortaleza de Montpellier. Fez-se então um acordo entre a monarquia e os protestantes.

Devemos lembrar quais eram as regiões protestantes mais fortes. Primeiro de tudo, no oeste, a região entre o Loire e o Garonne. Esta era uma zona marítima que permitia ter relações com a Inglaterra; o maior centro era La Rochelle, uma grande cidade fortificada e porto marítimo; constituía uma espécie de república, em certo sentido semelhante às cidades da Holanda. Olhava-se para La Rochelle como um embrião de uma possível república protestante francesa. Outra região protestante era o Languedoc, no sul.

A guerra não teve sucesso e no final das duas campanhas as coisas voltaram a ser como antes. Embora as cidades que tinham resistido vissem suas fortificações demolidas, no conjunto foram preservadas as mesmas garantias, as mesmas relações, a mesma autonomia; os protestantes tinham o direito de convocar uma assembleia confessional e nomear dois "defensores" junto à corte; os próprios líderes, começando por Rohan, receberam grandes indenizações e Luís XIII não os tratou, agora, de maneira diferente de como Maria de Médici havia tratado os grandes que se revoltaram durante a regência. A guerra, portanto, tinha sido adiada, mas não se resolvera a questão da presença calvinista na França.

Enquanto isso, em 1622, a posição da rainha-mãe havia melhorado muito perante o rei, graças aos conselhos de Richelieu. Luís XIII não tinha muita simpatia por ele, considerava-o um homem traiçoeiro. No entanto, no processo de aproximação da rainha-mãe, ele teve de fazer algumas concessões em favor desse homem, que era o principal conselheiro de Maria de Médici. Ele conferiu-lhe o capelo cardinalício, e Richelieu abandonou sua diocese de Luçon.

Sua posição se fortalecia na corte devido à ineficiência demonstrada pelos homens que estavam no governo. O Ministério das Relações Exteriores continuava a ser mantido pelos "vagamundos", Brûlart de Sillery no posto de chanceler e Brûlart de Puysieulx como secretário de Relações Exteriores. Mas a situação europeia estava se deteriorando cada vez mais e as iniciativas francesas se mostravam claramente inadequadas.

Na Alemanha, ocorriam eventos que todos acreditavam ser perigosos para a segurança do reino. Dentro do reino estava sempre viva a questão protestante. Além disso, havia sérias preocupações financeiras. Era então ministro das Finanças La Vieuville, homem a quem não faltavam habilidades e, acima de tudo, era assistido por um sogro muito qualificado em matéria financeira: chamava-se Beaumarchais, era um dos adjudicadores das concessões fiscais; provavelmente, o genro devia parte do próprio sucesso aos conselhos do sogro. A administração financeira ia muito mal; as reduções de impostos desejadas não eram possíveis e, acima de tudo, o sistema de cobrança de impostos resultava em enormes perdas, pois ficava a cargo de capitalistas que acabavam ganhando muito mais, em rendimentos, de tudo que não repassassem à coroa.

Parecia que apenas um homem poderia tirar a monarquia dessa situação: o conselheiro da rainha-mãe. Ela, como tinha antes apoiado as sugestões de Concini e Rucellai, outro aventureiro florentino, agora apoiava as determinações de Richelieu. Mas estas eram diretrizes bem diversas, e agora a rainha-mãe parecia ser a única pessoa sábia da corte, a única capaz de indicar o caminho para lidar com a situação. Enquanto isso, depois de um conflito entre o novo ministro das Finanças e os Brûlart, estes tiveram de abandonar o governo. O ministério estava muito enfraquecido, e logo depois La Vieuville também teve de abandoná-lo. Recorrer a Richelieu parecia inevitável. Luís XIII, de fato, chamou-o para participar do Conselho do Rei e nomeou-o em 1624 "ministro principal" (o que não significa *primeiro-ministro*, como muitos disseram, pois todos os ministros admitidos no Conselho de Negócios, isto é, no Conselho restrito ao rei, tinham o título de "ministro principal").

A princípio, Richelieu se comportou discretamente em relação aos outros ministros, mas logo apontou uma questão de precedência, argumentando que, como cardeal, deveria sentar-

-se mais perto do rei do que qualquer outro ministro, exceto o cardeal La Rochefoucauld, que era mais velho. Isso provocou um conflito entre ele e Lesdiguières, o novo condestável da França, um protestante que se convertera ao catolicismo justamente almejando o cargo de condestável: homem de notável capacidade militar, mas sem grande visão política. Para arbitrar o assunto foi chamado o cardeal La Rochefoucauld, que deu razão a Richelieu; pouco depois, La Rochefoucauld, por razões de saúde, já não podia participar do Conselho, e Richelieu em alguns meses se viu oficialmente reconhecido, no âmbito do Conselho do Rei, no primeiro posto, aquele que manteria e fortaleceria até sua morte (1642). Assim se iniciava, em 1624, aquele período de governo que, com a grande influência pessoal exercida sobre Luís XIII, durará dezoito anos: um período não muito longo, mas ao fim do qual a Europa terá mudado completamente.

* * *

O que acontecia na Europa naqueles anos?
Em Praga, em 1617, o velho imperador Matias reconhecera o arquiduque Fernando da Estíria como seu sucessor ao trono da Boêmia. Já que ele era um Habsburgo e havia sido indicado como reeleitor da Boêmia com a morte de Matias, reunia duas qualidades que durante séculos prenunciavam o título imperial. O rei da Boêmia era de fato um dos sete eleitores, e como três dos eleitores laicos eram protestantes, o voto do rei da Boêmia, unido ao dos três eleitores eclesiásticos, era decisivo para a eleição de um imperador católico. O governo habsburgo se preocupava em garantir a sucessão do imperador Matias

também nos outros domínios; se isso não apresentava problemas para a Áustria, um Estado hereditário, não era assim no Reino da Hungria, pertencente aos Habsburgo ao longo de várias gerações, mas ao qual o imperador precisava se dirigir para obter a confirmação de seu herdeiro.

No final de 1617, apesar de estar muito doente, o imperador Matias deixou Praga e durante a viagem emitiu algumas ordens, que correspondiam a uma linha política que os Habsburgo pretendiam seguir nos confrontos com o Reino da Boêmia, no sentido de limitar as liberdades locais. Em particular, o imperador ordenou que todos os bens eclesiásticos fossem reexaminados em seus títulos de origem, para ver se o uso ao qual eles foram destinados correspondia à vontade dos doadores. Tratava-se de ver se os recursos provenientes dos fundos ou as anuidades deixadas para a Igreja haviam sido empregados no serviço de culto. Nada de estranho, aparentemente. Mas, como havia várias confissões religiosas na Boêmia, acontecia que as igrejas luterana e hussita possuíam bens que foram inicialmente doados apenas à Igreja católica. Existia, portanto, o perigo de que esses bens das igrejas protestantes fossem contestados, com base no argumento de que o uso que os protestantes fizeram deles violava a vontade dos doadores, que os haviam destinado ao exercício do culto católico. Esse fato agitou o ambiente protestante, já alvoroçado porque vários nobres protestantes permaneciam insatisfeitos com a nomeação de Fernando como rei da Boêmia.

Outras pequenas controvérsias acabaram envenenando a atmosfera. Por exemplo, a questão da igreja protestante construída em um centro alemão, Braunau; um senhor eclesiástico católico local havia contestado aos luteranos o direito de erguer uma igreja, alegando que onde havia um senhor eclesiástico não podiam ser aplicadas, como exigiam os protestantes, as mesmas normas que se aplicavam à propriedade real. De acordo com a visão oposta, no entanto, onde o rei era o senhor, os protestantes poderiam construir igrejas para o seu culto; isso valia também para Braunau, já que a posse eclesiástica deveria ser equiparada à posse real. A resposta do imperador Matias foi negativa, e se ordenou a demolição da igreja de Braunau. Isso foi considerado pelos protestantes uma violação da "Carta de Majestade" de 1609 (*Majestatsbrief*), o acordo que regulava as relações entre as várias confissões religiosas na boêmia. Eventos semelhantes aconteceram em outros países, como em Klostergrab (em tcheco, Hrob), onde o arcebispo de Praga mandou demolir uma igreja protestante.

Diante desses acontecimentos, os protestantes decidiram convocar uma assembleia: não a grande assembleia, que poderia se reunir com base na "Carta de Majestade" apenas com a autorização régia, mas uma menor (*Sjezd*), a que tinham de ser submetidos esses casos para que se decidisse se a questão, caso houvesse uma violação da "Carta de Majestade", devia ser levada ao imperador. Foi essa convocação que difundiu primeiro na nobreza e depois na população de Praga um estado de ânimo que provocou a revolta culminada na "Defenestração de Praga".

Para entender as razões desse episódio que abre a Guerra do Trinta Anos, devemos nos voltar à situação religiosa na Boêmia. Localizava-se lá, em primeiro lugar, a Igreja católica, que ainda resistia; para ela, o *Majestatsbrief* de 1609 havia feito um acordo de representação, que levava o nome de "Estados sob uma espécie" (do uso católico na comunhão); também subsistiam várias confissões protestantes: uma era a Igreja hussita ou utraquista (do uso da comunhão sob as duas espécies); outra a Igreja luterana; ainda outra, uma confissão hussita que após a Reforma Luterana conseguiu encontrar uma via de compromisso com o luteranismo para depois se aproximar do calvinismo e estabelecer uma Igreja não reconhecida, chamada Unidade dos Irmãos. Essas diferentes confissões haviam formado uma espécie de união na oposição comum ao catolicismo, e na "Carta de Majestade" conseguiram obter representação comum nos Estados *sub utraque*, que representavam os membros da Confissão Tcheca, uma espécie de credo que surgiu de um compromisso entre a confissão de Augusta e outra confissão adotada pela Unidade dos Irmãos em 1574. Eram precisamente esses Estados que haviam sido convocados para a controvérsia a propósito do privilégio da "Carta de Majestade": ou melhor, uma assembleia mais restrita que os próprios Estados gerais, ou seja, o *Sjezd* mencionado anteriormente.

Em Praga, temia-se que o governo imperial pudesse atuar com violência contra os participantes da assembleia. De fato, no primeiro dia da reunião, nenhum dos representantes dos três municípios de Praga compareceu; começou-se a ir para a assembleia apenas quando os Estados *sub utraque* se comprometeram a defender os representantes da cidade.

Quem representava o governo imperial na ocasião? O imperador, afastando-se, havia nomeado dez lugar-tenentes, personagens secundários que, no entanto, representavam a Cúria Imperial. O maior personagem deixado em Praga na época era o grande burgrave, e contra ele, que havia sido nomeado recentemente, a reação protestante deveria ter sido dirigida; mas as coisas não foram assim, talvez porque não se quisesse dar ao evento o caráter de uma ruptura decisiva com a coroa imperial. Enfim, enquanto essas reuniões ocorriam, um grupo de cavalheiros protestantes liderados pelo conde Thurn e por outros decidiu agir no terreno insurrecional. Projetou-se um ato de revolta consciente contra os representantes do governo imperial e foram escolhidas até mesmo as vítimas. Os membros da conspiração juraram reivindicar seus direitos contra aqueles representantes, se preciso com armas, exceto contra a pessoa do imperador.

Desse estado de ânimo e do complô surgiu a defenestração. Uma vez que os protestantes convidaram os lugar-tenentes a retirar a carta que resolvera negativamente o caso de Braunau e houve uma recusa pela impossibilidade de modificar uma decisão imperial, os Estados *sub utraque* pediram para ser recebidos no palácio real de Praga. Já que se difundira o boato de que os lugar-tenentes aproveitariam a oportunidade para prender os representantes protestantes, eles pediram para se apresentar armados; o pedido foi aceito, sendo considerado uma precaução desnecessária, um excesso de temor dos protestantes. Então aconteceu que essa coluna de homens armados foi para o castelo de Praga e no salão de reuniões foi recebida pelo grande burgrave do reino, pelo prior de Malta e por dois lugar-tenentes: ou seja, quatro dos dez lugar-tenentes. Uma das reclamações feitas pelos protestantes era que a resposta para o pedido relativo ao Braunau tinha sido dada muito cedo e, portanto – eles diziam – não conseguira chegar ao imperador e depois retornar. "a resposta", eles alegavam, "foi feita em Praga; foram os tenentes que rejeitaram nossas propostas." O grande burgrave negou a acusação e, a pedido dos protestantes, jurou publicamente que a carta não havia sido escrita em Praga. Mas tudo foi inútil.

As vítimas escolhidas eram os dois lugar-tenentes presentes, Martinic e Slavata. Estes – que já eram malvistos pelos protestantes, pois se sabia que em 1609, quando a "Carta de Majestade" havia sido concedida, eles se recusaram a assiná-la – pertenciam ao intransigente partido católico. E é assim que os fatos se desenrolaram, de acordo com a narrativa de um historiador francês, Tapié, que estudou a documentação tcheca:

> Thurn, Fels e Lobkowitz [os três líderes protestantes] pediram uma última vez aos lugar-tenentes que jurassem que haviam sido os autores da carta imperial. O grande burgrave, depois de um momento de hesitação, indo contra os próprios escrúpulos, jurou que os lugar-tenentes não escreveram a carta; o que era verdade. Mas o que importava a verdade? Um dos protestantes, Pavel de Ričany, depois leu alguns discursos severos de Budovec [que tinha sido o mediador do acordo de onde saíra a "Carta de Majestade"] em relação a Slavata e Martinic. Já que eles se recusaram a assinar o acordo, o patriarca da Unidade os havia repreendido por preferir à pátria, à nação tcheca, uma corte distante e soberanos estrangeiros [papa e Espanha]; e já que estavam para ser nomeados os juízes do Supremo Tribunal, metade católicos e metade protestantes, Budovec pedira que Slavata e Martinic fossem excluídos da nomeação.

Esse texto antigo, entendido mais ou menos claramente no tumulto, parecia resumir todas as acusações contra os dois oficiais.

"Os senhores dos Estados *sub utraque*, disse Ričany, na verdade viram o que esses dois homens empreenderam contra a religião e a Carta de Majestade, e os proclamaram seus inimigos e destruidores de paz e do bem público." E, voltando-se para os protestantes, ele repetiu: "Vocês concordam com isso e se consideram assim?" [ou seja, inimigos do bem público e da pátria].

Os protestantes gritaram que eles eram de fato traidores e que deviam ser lançados pela janela. [O costume de jogar o condenado pela janela não foi inventado na época, era um antigo costume tcheco, do qual existem exemplos também na Inglaterra e na Espanha.] Uma vez obtida a sentença, correu-se para executá-la. Em vão os dois lugar-tenentes se ajoelharam diante de seus adversários, lembrando seu parentesco comum [de fato, havia laços familiares entre muitos nobres protestantes e católicos] ou recordando lembranças comuns; em vão eles imploraram que pelo menos um padre fosse chamado, em vão eles se apegaram ao grande burgrave e ao prior de Malta: foram arrastados; em vão eles se agarravam à mesa e às paredes. Primeiro Martinic foi levado e jogado de cabeça. Enquanto caía, gritou: "Jesus e Maria". "Vamos ver se sua Maria o ajuda", rebateu descontroladamente um dos protestantes, Ulrich Kinsky, correndo em direção à janela; olhou para fora, e viu Martinic que subia. "Por Deus", ele exclamou, "é verdade que ela o socorreu!"

"Nobres cavalheiros", gritou o conde Thurn, "aqui está o outro"; e arrastava Slavata. Ele também foi empurrado para o vazio; mas o infeliz se debatia agarrando a borda da janela. Para fazê-lo largar, Kinsky deu-lhe um golpe de punhal nos dedos. Então ele caiu, esbarrou na borda do piso inferior, esfolando o rosto, e depois rolou mais longe e, ultrapassando na queda o monte em que Martinic havia caído, foi se abater no fundo do fosso, permanecendo ali todo ensanguentado, com a cabeça embaixo da capa. Animados pela violência, os protestantes também jogaram uma pessoa que não havia sido escolhida, um secretário menor, certo Fabrizio, que fora chamado para escrever o relatório. Ele também caiu sem se machucar a uma curta distância de Martinic. Ambos se levantaram e foram em busca de ajuda para Slavata. Nesse ínterim, gente do castelo e dos palácios vizinhos corria em seu auxílio. Apesar dos golpes que os protestantes lhes dirigiam, os lugar-tenentes e seus salvadores conseguiram escapar.

Alguém se perguntou como três pessoas, jogadas da altura de quinze e dezesseis metros, permaneceram vivas. Na verdade, não se tratou de um milagre, porque parece que eles caíram em um terreno recentemente remexido, depois de obras de reparação, ou em uma montanha de resíduos que teria mitigado a queda.

IX
O mundo alemão às vésperas da Guerra dos Trinta Anos

Para entender como, a partir de um episódio local como a Defenestração de Praga, surgiu a Guerra dos Trinta Anos, é necessário remontar à situação do mundo alemão nesse período.

O Sacro Império Romano, chamado desde o século XV de Sacro Império Romano da Nação Germânica, coincidia, *grosso modo*, com o mundo germânico; o âmbito territorial do Império, no entanto, permanecia uma noção bastante indeterminada. Afinal, um dos dramas da história alemã era precisamente a indeterminação de fronteiras: enquanto se pode falar, mais ou menos, de um território francês, italiano ou espanhol, não acontece o mesmo na Alemanha, em especial no que diz respeito aos seus limites a sudeste e leste. A fronteira terrestre germânica, extremamente longa, tinha sido traçada por uma série de conflitos entre povos germânicos e outras estirpes; e particularmente importante, nesse sentido, tinha sido o "empurrão para o leste" que havia levado os alemães à germanização das populações a leste do rio Elba. Outro dos grandes problemas da história alemã sempre consistiu na dificuldade de estabelecer relações de convivência pacífica sem a ajuda de distinções naturais com os territórios de outros povos. Sobretudo em regiões eslavas não totalmente germanizadas, como os países bálticos, a Silésia etc., o elemento germânico era dominante, mais civilmente progressista, e muitas vezes constituía o grosso da população citadina contra a massa camponesa que contava com a maioria dos eslavos. Outro elemento característico da história alemã derivava do fato de a nação germânica ter assumido a tradição imperial, à qual a ideia da monarquia universal estava intimamente ligada, pretendendo à união de todos os povos em um Estado.

Toda a história medieval alemã é caracterizada por tentativas contínuas dos reis da Alemanha para dar conteúdo concreto à dignidade imperial. Daí decorre a política italiana dos imperadores, os esforços das dinastias da Francônia e da Suábia de reconquistar, na Itália, a sede original do Império. Isso havia contribuído para o fracasso da consolidação do Estado nacional alemão, porque, em busca do domínio universal, os imperadores alemães não conseguiram realizar a tarefa mais modesta de conquistar uma supremacia efetiva na Alemanha. A política universalista havia acabado por sacrificar a política nacional.

Já no século anterior, a questão dera lugar, na Alemanha, a uma famosa discussão entre os apologistas do Império medieval e aqueles que apoiavam o caráter antinacional de toda a história imperial da Idade Média, pois ela era caracterizada pela aspiração a fins universais não relacionados aos interesses específicos da nação alemã. Essa era uma interpretação tipicamente "pequeno-alemã", que sobrepunha ao passado a ideia nacional, ou seja, um ideal próprio do século XIX, enquanto, mais corretamente, a história alemã da Idade Média era avaliada com os critérios que sustentavam a mentalidade medieval. Nesse sentido, o elemento universalista constituía um interesse alemão tão concreto quanto o nacional, até mais importante porque mais cônscio do que era a formação do Estado nacional. No entanto, restava o fato de que o Império havia perdido grande parte da própria força em tentativas de dominação universal não coroadas de sucesso, enquanto não se criava em seu interior uma monarquia nacional comparável às do Ocidente. E precisamente o caráter universal da dignidade imperial legitimara a formação de uma série de reivindicações locais, que se opunham à autoridade universal do imperador em nome das "liberdades germânicas", que eram precisamente as autonomias das várias potências locais.

Portanto, quando a Alemanha aparece no mundo moderno, sua estrutura interna é caracterizada pela presença de dois elementos: de um lado o Império, em cuja universalidade ninguém mais acredita; de outro, um particularismo que se considera ligado ao sentido superior do Império, mas que dentro dele quer afirmar uma autonomia política que nenhum Estado--nação concede a suas províncias.

Qual era, em síntese, a constituição político-jurídica do Império no início do século XVII? No topo, o imperador eleito pelos sete príncipes eleitores: três eclesiásticos (os arcebispos de Mainz, Colônia e Trier) e quatro laicos (os duques do Palatinado e da Saxônia, o margrave de Brandemburgo e o rei da Boêmia). Junto a eles devia funcionar o supremo órgão legislativo: a Dieta ou *Reichstag*. Todos os vassalos imediatos ou diretos do imperador eram seus membros, mas o grande número deles, que, como veremos, excedeu milhares, tornara impossível o funcionamento da Dieta como órgão legislativo eficiente. Cada convocação acabava em uma série de questões de precedência, de disputas pelo direito de voto etc. Além disso, alguns príncipes se recusavam a reconhecer as deliberações das quais não haviam participado pessoalmente. Como resultado, o imperador substituía a decisão do *Reichstag* por decretos próprios. Essa prática, embora atraísse as acusações dos apoiadores das "liberdades germânicas", era o único meio de afirmar sua autoridade na Alemanha. Autoridade que realmente dependia por completo do poder da família que ostentava o título imperial, que durante séculos era concedido pelos eleitores aos membros da dinastia habsburga.

A impotência ou inexistência dos órgãos legislativos do Império se refletia diretamente no funcionamento do Poder Executivo. O Império estava dividido em dez "círculos", ou distritos, e cada um deles tinha uma Dieta com um presidente, que geralmente era um dos principais senhores da região. Quando um desses círculos era atacado pelo exterior, tinha o direito de pedir ajuda aos dois círculos próximos; se o perigo persistisse, poderia ser solicitada a ajuda de dois outros círculos. Se nem isso bastasse, os cinco círculos podiam recorrer ao arcebispo de Mainz, para que convocasse em Frankfurt am Main os principais membros da Dieta. Essa convocação sem intervenção imperial dava origem a uma assembleia chamada *Deputationstag*. Portanto, podia acontecer que cinco círculos, ou seja, metade do Império, estivessem em guerra, sem que o imperador tivesse oficialmente conhecimento disso. Apenas o *Deputationstag* poderia informar o imperador e pedir que ele convocasse a Dieta ou o *Reichstag*. Isso dá uma ideia da impotência do Império na política externa: por um lado, era praticamente impossível canalizar todas as forças da Alemanha para a defesa das fronteiras imperiais; e, por outro, os estados alemães faziam suas guerras particulares, uma política externa autônoma que nada tinha a ver com a do Império.

Uma maior unidade se encontrava no campo da justiça. Existia e funcionava, ou pelo menos funcionou até o início do século XVII, um tribunal imperial único, o *Reichskammergericht*, ou tribunal da Câmara Imperial. Tinha a competência de uma Corte de Apelação (exceto nos casos em que os príncipes também tivessem o último grau de jurisdição) e julgava as disputas entre os vassalos imediatos do imperador. Era composto por 24 membros escolhidos entre as principais famílias do Império e um presidente. Mas em 1608 foi nomeado um protestante como presidente do *Reichskammergericht*; os católicos se recusaram a executar suas ordens e, a partir de então, a atividade do tribunal foi suspensa. Tornou-se importante, em vez disso, outro tribunal, composto por conselheiros imperiais, ao qual competiam as causas da sucessão ou posse e os crimes cometidos por vassalos imediatos do imperador. Esse tribunal era o *Reichshofrat*, ou seja, o Conselho da corte imperial; e depois de 1609 suas competências foram se expandindo para substituir parcialmente as do *Reichskammergericht*.

A soberania dentro do Império era fragmentada de maneira inigualável na Europa. Antes de tudo, havia os senhores territoriais, cada um dos quais dava origem a uma família que somente no século XV reconheceu o princípio da primogenitura como base do direito hereditário. Consequentemente, de cada família principesca alemã partiu, durante a Idade Média, toda uma série de ramos, e cada um deles, por sua vez, constituía um principado, de modo que a soberania se fragmentou de maneira incrível. Pense-se, por exemplo, nos inúmeros duplos sobrenomes, como Hesse-Darmstadt, Hesse-Kassel, Baden-Durlach etc., em que o primeiro sobrenome indica o Estado principesco original e o segundo, a capital do Estado secundário. Além disso, muitas cidades se reconheciam também vassalas imediatas do imperador. E o mesmo acontecia com inúmeros cavaleiros, equivalentes aos fidalgos comuns do campo, que na França e na Inglaterra seriam pertencentes à pequena ou média nobreza, mas que na Alemanha eram vassalos apenas do imperador e, portanto, posavam como soberanos da mesma maneira que os grandes príncipes do Império. Eram muito numerosos, certamente mais de 2 mil: a soberania era fragmentada entre eles. Devido a essa situação, o mapa da Alemanha era uma selva muito complexa de limites. Vassalos do imperador, como o eleitor de Brandemburgo, possuíam territórios independentes do Império; soberanos independentes — como o rei da Dinamarca —, na qualidade de duques de Holstein, eram vassalos do imperador; territórios extensos, como os dos chamados "Círculo da Borgonha", dependiam na realidade do rei da Espanha.

Além disso, o país estava profundamente minado pela controvérsia religiosa. O luteranismo sublevara mais da metade da Alemanha e os países vizinhos contra o catolicismo; e a contraofensiva católica, embora tenha reconquistado algumas regiões, tivera de reconhecer o compromisso fundamental da paz de Augsburgo (1555), que admitia a religião luterana oficialmente no Império. Apesar de a paz de Augsburgo não ter sido formalmente ratificada, já fazia parte dos elementos tradicionais da vida alemã.

No entanto, ao lado do luteranismo havia penetrado amplamente na Alemanha também o calvinismo. Mas as duas religiões eram substancialmente diferentes, sobretudo na esfera política. O luteranismo, reconhecendo a soberania absoluta

O Império durante a Guerra dos Trinta Anos

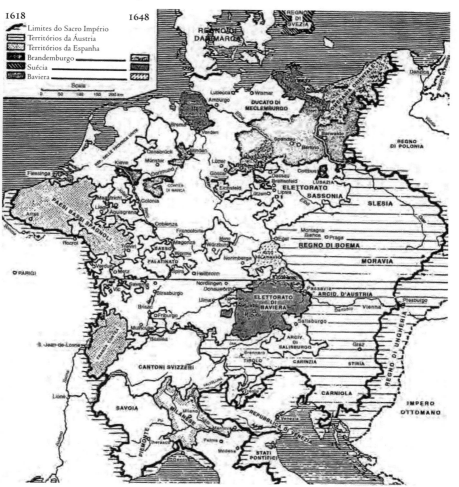

Fonte: G. Zeller, *L'età moderna: Da Colombo a Cromwell*. Firenze: Vallecchi, 1960.

dos príncipes, reforçava o princípio da autoridade e admitia o conceito de *cuius regio eius religio*, que estabelecia precisamente a territorialidade da confissão religiosa. No calvinismo, ao contrário, a importância atribuída aos idosos nas várias igrejas locais dava origem a uma espécie de democracia e coparticipação no governo da comunidade de idosos, isto é, de alguns dos elementos mais autorizados entre os fiéis. Isso constituía um exemplo de governo de baixo, que em termos de doutrina política diferenciava fortemente o calvinismo do luteranismo. O entrelaçamento entre os dois cultos era muito complicado; em muitas famílias principescas, por exemplo, passava-se de um pai luterano para um filho calvinista, apenas para retornar com a geração seguinte ao luteranismo. Poderia acontecer que houvesse um príncipe menor da religião luterana com um tutor calvinista, que o sequestrava para impedi-lo de exercer o governo, substituindo-o por elementos calvinistas, apenas para ser derrubado pelas forças da confissão adversa.

A confusão resultante dessa trama religiosa era dominada pela grande fenda entre o catolicismo, apoiado pelos Habsburgo, e as confissões protestantes; e havia tanta tensão entre as duas religiões que fazia as pessoas temerem, muito antes da Defenestração de Praga, que cedo ou tarde a unidade do Império fosse despedaçada. Certos episódios haviam comovido a opinião pública alemã. Em 1608, por exemplo, os protestantes haviam se apropriado de uma igreja católica em Donauwörth, no Danúbio. Quando o fato foi referido ao *Reichshofrat*, decidiu-se que a igreja devia ser devolvida aos católicos. Isso provocou uma insurreição violenta na Alemanha protestante e se formou uma "Liga Evangélica" ou "União Evangélica", que constituía um princípio de organização da Alemanha protestante contra a Alemanha católica, que era liderada pelos Habsburgo.

Na realidade, a divisão religiosa já era antiga, conquanto então a crescente exasperação das pessoas prenunciava perigos iminentes e graves. A grande onda da Contrarreforma, que havia dado vitalidade ao catolicismo, por outro lado despertara uma preocupação considerável, aumentando a aversão do mundo protestante. Verificava-se, além disso, contra o paganismo e o materialismo de certa parte da cultura do Renascimento, um retorno vivaz à espiritualidade. Esse século, o XVII, que vê o nascimento da ciência moderna, é também o século em que (pelo menos nas primeiras décadas) a junção de mundo material e espiritual se torna mais densa, a crença na intervenção de demônios na vida terrena, ou a aparição de fantasmas, ou a ideia de milagres, ou as discussões teológicas são coisas que se promovem em conjunto. Dos estratos mais baixos da população – em que as discussões religiosas eram comuns – aos membros de famílias numerosas, mesmo principescas, dava-se como certo o aparecimento de fantasmas, sua ação, sua intervenção na vida cotidiana.

Era um mundo cheio de tensões religiosas; e estas ficaram tão sérias que o Império mal conseguia superar uma crise e já se tornava mais difícil evitar a seguinte. A data que todos estavam esperando como aquela que poderia ter acendido a chama que se pressentia na Alemanha dividida estava ligada, segundo os políticos da época, a um evento não propriamente alemão, ou seja, o final da trégua de doze anos que se estabelecera entre as Províncias Unidas e a Espanha. A trégua expiraria em 1621: naquele ano recomeçaria a guerra entre as Províncias Protestantes Unidas e a Espanha; que, temia-se, daria início a uma grande guerra europeia. Na verdade, essa previsão, como sabemos, foi anulada pelos fatos, pois a guerra eclodiu três anos antes da data prevista.

Esse tipo de domínio quase exclusivo que os problemas religiosos exerciam na vida alemã influenciara adversamente o nível cultural do país. Tinha passado a época do grande humanismo alemão, da grande cultura citadina, e havia muito poucas figuras intelectuais das quais a Alemanha pudesse se orgulhar. A isso se acrescentava outro motivo: a decadência das cidades. Aquilo que havia dominado a vida alemã dos séculos XV e XVII, a sede da cultura, da riqueza, do comércio, das grandes finanças e da civilização alemã tinha sido a cidade. A autonomia citadina na Alemanha havia atingido, no final da Idade Média e no início da era moderna, seu máximo esplendor; mas a decadência da Itália e dos negócios italianos, que tinham sido um elo essencial nas relações comerciais do mundo do outro lado dos Alpes com o Oriente, também levou ao declínio da economia alemã. A Alemanha, em certo sentido, significava sobretudo uma rede muito intensa de relações comerciais, e esse era o tecido conectivo de um país profundamente dividido, sem fronteiras territoriais definidas e sujeito a uma soberania evanescente, como era a do imperador. Mas essa mesma rede de trocas agora se tornava decadente, e com isso a miséria aumentava, com todos os seus inconvenientes, incluindo a decadência da burguesia e, portanto, das classes mais adequadas para promover a vida cultural.

Mas talvez o fenômeno mais grave fosse a decadência contemporânea dos campos. Na Alemanha, de fato, a Reforma trouxera consigo a grande guerra dos camponeses que havia espalhado, depois de uma feroz repressão, um rastilho de ódio social no campo, ódio ainda muito vivo. As antigas relações paternalistas foram substituídas por fortes constrições entre proprietários de terras e camponeses; e a lembrança dos horrores e massacres perpetrados de ambos os lados continuava a gravitar sobre a vida do país. Nos campos dominava, portanto, um regime de forte servilização dos agricultores, e também de baixa produção, devido a um nível técnico-agrícola muito atrasado. Hoje, não se pode aceitar inteiramente a imagem que às vezes se mostra da vida alemã desse período: uma vida opulenta e materialista, da qual valeria a pena apenas destacar o fato de os alemães terem se tornado famosos como grandes glutões e beberrões (o landgrave de Hesse, por exemplo, fundou uma sociedade da temperança: mas seu primeiro presidente morreu de embriaguez). Para refutar essa imagem, contribuem muitos elementos da cultura alemã, começando pelo barroco: mas não há dúvida de que, em comparação com a grande cultura das universidades alemãs do século XV, em comparação com o grande movimento da Reforma, durante esse período a Alemanha estava passando por uma crise de empobrecimento espiritual e econômico.

Quem eram os principais protagonistas desse mundo que lutaria e seria em grande parte destruído na Guerra dos Trinta Anos? Primeiro, o futuro imperador, aquele que havia sido eleito rei dos romanos, o arquiduque Fernando da Estíria, educado sob um rígido regime católico e sob a influência direta dos jesuítas, e já com a fama de católico intransigente. Como senhor da Estíria, havia liderado uma feroz campanha para colocar os protestantes em uma condição inferior e gradualmente expulsá-los da lei. Isso já o tornara uma figura temida no mundo protestante. Mas que tipo de homem ele era? Julgamentos conflitantes foram feitos a seu respeito. Muitos o consideraram um fanático; e talvez algo menos que um fanático, um fantoche nas mãos dos jesuítas. Toda a sua política seria inspirada até o fim na defesa intransigente da ortodoxia católica, sem qualquer senso de oportunidade política. Mas a realidade não é tão simples. Fernando era dotado de notáveis habilidades políticas, sabia correr riscos sérios quando achava que valiam a pena e suportava situações difíceis, mesmo quando pareciam desesperadas, como demonstrou durante a Guerra dos Trinta Anos. Ele não era um adversário fácil para os protestantes. Como membro da família dos Habsburgo, como rei dos romanos, como imperador escolhido, era certamente a figura mais eminente no campo católico. Como se sabe, havia sido nomeado por um acordo entre o ramo imperial dos Habsburgo e o espanhol, e prometera ceder à Espanha seus direitos sobre a Alsácia, ou seja, conceder-lhe um território que facilitasse a passagem das tropas da região do Mediterrâneo para os Países Baixos espanhóis, ao longo daquela via que era a espinha dorsal de todos os domínios da Espanha. Da Lombardia através da Valtellina e da Suíça ao longo da costa do lago de Constança e da bacia do Reno, através da Alsácia, ia até a Flandres, onde a Espanha tinha seu melhor exército comandado pelo maior general da época: Ambrogio Spinola, um genovês que esperava precisamente em Flandres a retomada da guerra, na famosa data de 1621. No entanto, ao longo do Reno essa via imperial espanhola era interrompida, por cerca de cinquenta quilômetros, pelos domínios do eleitor palatino. Estes eram divididos em Alto Palatinado, perto da fronteira da Boêmia, e Baixo Palatinado, ou Palatinado do Reno, onde ficava a capital eleitoral, Heidelberg: e precisamente o Palatinado do Reno estava localizado em uma das passagens estratégicas fundamentais da época. Com sua posição, o eleitor palatino tinha uma vantagem em estar perto da Holanda protestante, mas, por outro lado, era ameaçado pela importância que essa via tinha para os espanhóis.

O homem que se encontrava nessa posição decisiva para todo o equilíbrio político europeu era Frederico V de Wittelsbach, genro do rei da Inglaterra, Jaime I, e, portanto, relacionado à principal monarquia protestante. Ele também era reconhecido como líder do partido protestante na Alemanha. Em 1618, tinha 21 ou 22 anos; era um homem de muitas virtudes, alegre, agradável, belo de aparência, ou seja, tinha todas as qualidades que tornam um homem bem aceito, mas nenhuma daquelas que fazem um político apto a ter responsabilidades sérias. Quem se ocupava de suas responsabilidades, na realidade, era seu ministro-chefe, Cristiano I de Anhalt, um desses pequeninos nobres alemães dos quais se falou; extremamente autoconfiante, convencido de ser grande general, grande político, muito diplomático, havia concebido planos ambiciosos para seu senhor. Seu plano fundamental era tornar o eleitor do Palatinado o líder do partido protestante, o antagonista direto de Fernando da Estíria: e, já na época da escolha do novo rei da Boêmia, ele tentara estreitar as relações com a nobreza protestante tcheca, mas sem sucesso. Apesar do fracasso, no entanto, Cristiano não abandonou completamente seus planos e suas manobras certamente contribuíram para determinar a conspiração entre os nobres protestantes que levou à Defenestração de Praga em 1618.

Os outros protagonistas da vida alemã eram os príncipes eleitores laicos, porque os eleitores eclesiásticos – apesar de um deles, o arcebispo de Colônia, ser irmão do duque da Baviera e outro, o arcebispo de Trier, portar o grande nome de Metternich – contavam pouco, com exceção do arcebispo de Mainz. Um personagem mais significativo era o eleitor da Saxônia,

João Jorge, representante de uma tendência independente daquela do eleitor palatino ou de Fernando de Habsburgo. Este representava a causa católica; Frederico, a causa protestante como uma causa supranacional, e era líder de um partido caracterizado religiosamente. João Jorge da Saxônia, ao contrário, representava a única tendência no sentido nacional alemão, era o único que fazia uma política sem grande genialidade, mas que tendia, acima de tudo, a salvaguardar os interesses alemães. O que importava, para ele, não era lutar por um princípio, mas manter a paz e a Constituição alemã. Ele era acima de tudo um constitucionalista e, portanto, ligado à constituição do Império, por assim dizer, com um imperador desprovido de poderes na família dos Habsburgo e com as liberdades alemãs dos princípios. Essa era a diretiva dele, a única que, se tivesse prevalecido, teria evitado o desastre colossal da Alemanha na Guerra dos Trinta Anos. Mas João Jorge não estava preparado para uma tarefa tão árdua, nem seu principal conselheiro, o teólogo luterano dr. Hoe, famoso polemista e controversista.

Finalmente, havia o último eleitor laico, João Segismundo, margrave de Brandemburgo. Calvinista, ele governava um país em grande parte luterano, e tinha pouca representatividade. Seus domínios eram atrasados em relação aos outros estados alemães. Enquanto a corte de Heidelberg, a capital do eleitor palatino, era dominada pelo gosto francês, enquanto a corte do duque da Baviera ou de Viena ou Praga estavam sob a influência cultural e civil italiana, essa corte em Berlim, uma cidade atrasada com menos de 10 mil habitantes, não conseguia competir com os países mais avançados.

Muito mais importante, embora não fosse príncipe eleitor, era Maximiliano, duque da Baviera, da família dos Wittelsbach, homem de visão estreita, muito mesquinho, administrador tirânico: não era simpático como o eleitor palatino, mas conseguira reunir os meios para manter uma força militar conspícua, que representava o núcleo principal das forças da Liga Católica, liderada por ele. Era a segunda pessoa mais importante no mundo católico alemão e, por muito tempo, foi o elemento mais ambíguo de todo o cenário político alemão, porque enquanto pregava, como o duque da Saxônia, uma política nacional alemã, em nome da qual convidava a sacrificar os interesses particulares, ele nunca sacrificou os seus; e sua intervenção e ambição ajudaram a precipitar a situação e torná-la irremediável.

Este era aproximadamente o quadro da Alemanha no início de 1618. É evidente que ao lado da questão religiosa operavam outras razões, que conferiam importância e um valor perturbador à revolta de Praga. Era uma revolta protestante e, como tal, mobilizava os interesses do mundo protestante liderado pelo eleitor do Palatinado. Mas também era uma revolta de certa forma social em defesa das liberdades dos "Estados" tchecos contra as prevaricações das autoridades reais e imperiais; também era uma revolta nacional tcheca contra a prevalência do elemento germânico. Na questão, por fim, estavam envolvidas as ambições de quem, como Maximiliano da Baviera, queria fazer parte do número de príncipes eleitores; de quem, como o eleitor do Palatinado, queria contrapor a causa protestante à do imperador; e do próprio imperador, que perseguia uma política de consolidação de seus poderes dinásticos. Eram esses os elementos que fizeram da revolta boêmia uma questão alemã e, imediatamente depois, europeia.

X
Tem início a Guerra dos Trinta Anos

Depois da Defenestração de Praga, os "estados" revoltados rapidamente viram as consequências do que havia acontecido e tomaram medidas necessárias para o prosseguimento da revolta. Nomeou-se um Poder Executivo de treze dirigentes, que tinham o poder de governar o reino, e o comando das forças armadas foi dado ao conde Thurn, um dos principais expoentes da revolta. Ele conseguiu rapidamente montar um exército de mercenários, algo semelhante a uma conscrição feudal e que certamente não poderia se equiparar às tropas profissionais que então dominavam os campos de batalha. Para todas as eventuais imposições tributárias, era preciso recorrer aos antigos "estados" do Reino da Boêmia.

Uma vez tomadas essas decisões fundamentais, a assembleia se dissolveu e o novo reino se viu diante de Matias e Fernando de Habsburgo. O conselheiro de Matias era o cardeal Khlesl, arcebispo de Viena, homem muito conciliatório, que deu conselhos de moderação: procurar a anistia e tentar resolver o conflito com os manifestantes. Essa atitude bateu de frente com a resistência de Fernando, que não hesitou, apesar de ser um católico muito dedicado, em prender o cardeal, não voltando atrás na decisão tomada apesar dos protestos do velho Matias. A corte de Viena assumiu uma atitude mais rígida em relação aos manifestantes. Logo depois da prisão do cardeal, um exército cruzou as fronteiras do Reino da Boêmia, dando início às operações militares.

Enquanto isso, o mundo político alemão estava se posicionando sobre os eventos da Boêmia. A atenção deve se concentrar no eleitor palatino, Frederico V de Wittelsbach, e Cristiano de Anhalt, seu conselheiro. Estes, já antes da eleição de Fernando como rei da Boêmia, haviam concebido o plano de se opor a seu senhor; o plano falhou, mas a revolta oferecia uma nova oportunidade. Frederico V era o chefe da União Evangélica; além disso, era genro do rei da Inglaterra e, por parte de mãe, era parente de Maurício de Nassau, *Statholder* da Holanda; por suas relações de parentesco, tinha portanto garantias de aliança com as maiores potências protestantes: as Províncias Unidas e a Inglaterra.

Cristiano de Anhalt apostava na aversão dos príncipes protestantes alemães a Fernando, e também tentava mobilizar todas as forças anti-habsburgas: entre estas, o duque de Saboia, muito importante por seu exército profissional, comandado por Henrique de Mansfeld. Este era um dos líderes mais famosos da época, nem tanto por ser um grande estrategista, mas por sua capacidade de recrutar exércitos rapidamente e fazer com que operassem a um custo relativamente baixo para os soberanos aos quais servia. Não pensavam assim, é claro, as populações das regiões pelas quais passavam esses exércitos, que, fossem aliadas ou inimigas, eram saqueadas regularmente, e eram portanto elas que os mantinham. Tal prática predatória, generalizada com a Guerra dos Trinta Anos, teve consequências desastrosas para toda a Alemanha. Cristiano foi pessoalmente a Turim para solicitar um acordo e obteve o compromisso do duque de Saboia de dividir as despesas da transferência de Mansfeld para a Boêmia. O duque fazia isso pela aversão antiga aos Habsburgo e, também, pela perspectiva, apropriadamente mostrada por Cristiano, de obter alguma vantagem na Alemanha: de ser elevado a rei da Boêmia no lugar do Habsburgo caído.

Cristiano se iludia de ter criado um grande bloco de forças anti-habsburgas; mas, exceto pelo duque de Saboia, que mordeu a isca, bem poucos lhe deram crédito. Da parte dos protestantes, permaneciam indefinidas as posições do eleitor de Brandemburgo, e especialmente do eleitor da Saxônia, que, segundo Cristiano, deveria ter se alinhado com os protestantes. Na verdade, ele não desejava isso, pois temia a preeminência de Frederico V e as consequências que a revolta de Praga contra o imperador teriam para a constituição do Império, do qual ele era um defensor convicto. Ele era de fato um apoiador das "liberdades germânicas", mas na estrutura imperial; isto é, era um expoente do partido constitucional alemão que queria uma solução dentro do quadro alemão e temia que a transposição da luta à esfera dos príncipes fatalmente levasse a um choque de forças estrangeiras em solo alemão, com as consequências ruinosas que eram fáceis de se imaginar. As mesmas preocupações demonstrava Maximiliano da Baviera, que não era eleitor, mas aspirava a tornar-se um, ao se aproximar de Fernando. Maximiliano era chefe da Liga Católica; príncipe pouco amado, mas que conseguira reunir os meios para manter um grande exército mercenário, comandado pelo conde de Tilly. Esse exército era, de longe, mais importante do que todas as forças das quais o imperador podia dispor, o que atraiu o duque da Baviera para o seu campo, ligando assim a causa imperial à causa da Liga Católica.

Ao mesmo tempo, o imperador enviava embaixadas às várias cortes. Embaixadores também foram enviados à França para pedir apoio contra a revolta que ameaçava os direitos de todos os príncipes absolutos. De fato, em toda a Europa havia uma onda de revolta contra os poderes absolutos, ou pelo menos um endurecimento protestante. Na Inglaterra, a resistência ao absolutismo de Jaime I estava crescendo; na Holanda se desenrolava o conflito entre o partido dos rigoristas protestantes e o partido moderado ligado às tradições citadinas e federalistas, liderado por Oldenbarnevelt, e este, embora tivesse servido bem ao país, foi julgado e executado. Na França, houve tumultos em Pau, no Béarn, e o rei, portanto, tinha poucas razões para simpatizar com o eleitor palatino, no momento em que a revolta boêmia parecia ameaçar as monarquias absolutas da Europa. Foi precisamente essa situação que fez desaparecer muitas das ilusões de Cristiano de Anhalt em relação à possibilidade de unir forças em favor da causa boêmia e do eleitor do Palatinado.

As operações militares do primeiro ano de guerra não trouxeram resultados decisivos, mas demonstraram que reprimir a revolta não era uma tarefa fácil. A chegada das tropas de Mansfeld à Boêmia levou a um grande sucesso protestante, a conquista de Pilsen; ao mesmo tempo, as tropas imperiais foram empurradas para trás das fronteiras, e os protestantes da Áustria se rebelaram. Na Hungria, o partido protestante assumia uma atitude de rebelião em relação aos Habsburgo e foi apoiado pelo príncipe da Transilvânia Gabriel Bethlen (mais conhecido como Bethlen

Gábor), semibárbaro, mas calvinista e, a seu modo, muito devoto. Esse conjunto de coisas ameaçava os Habsburgo, mesmo nos países hereditários. A possibilidade, não apenas de reinar na Boêmia e continuar na hereditariedade do título imperial, mas de conservar os territórios dos arquiduques da Áustria, parecia comprometida. Espalhou-se o boato de que a casa da Áustria havia chegado ao fim, e o próprio rei da Espanha se perguntou se, em vez de Fernando, não havia necessidade de propor outro membro da família Habsburgo para a sucessão imperial. Mas as coisas seguiram outro rumo. Isso ficou claro quando Cristiano de Anhalt reuniu em Rothenburg a Assembleia da União Evangélica; a maior parte dos príncipes estava longe de ser a favor de comprometer-se seriamente com os boêmios; de fato, temiam se envolver em um conflito maior do que eles, e as muitas promessas feitas por Cristiano não persuadiram quase ninguém. Até cidades protestantes alemãs prometeram socorro à Boêmia, mas depois não se viu um centavo, ou quase nada.

Enquanto isso acontecia, uma ação diplomática estava se desenrolando entre o eleitor da Saxônia e o duque da Baviera, que, entre 1618 e 1619, tentaram fazer prevalecer a tese da reconciliação, e conseguiram marcar uma espécie de conferência quando o velho Matias morreu. Esfacelou-se, com a pessoa do velho imperador, o último vínculo unificador da Alemanha. Os insurgentes boêmios, que não haviam deixado de reconhecer Matias como seu soberano, agora se recusavam a reconhecer seu sucessor Fernando e declararam o trono vago. Sua busca por alianças em toda a Europa, portanto, acabou se identificando com a procura de um novo rei. Foi a ocasião que Cristiano de Anhalt esperava; portanto, os oferecimentos dos boêmios encontraram o respaldo do eleitor palatino.

no entanto, Frederico V estava muito indeciso; considerações políticas e morais se entrelaçavam nele, e, finalmente, tomou sua decisão baseado em uma motivação moral. Ele considerava que, em primeiro lugar, seu governo havia se empenhado em relação aos boêmios, enviara socorro e os fizera esperar por outros maiores; recusando a eleição como rei da Boêmia, ele acabava faltando com uma espécie de compromisso moral assumido com o povo boêmio. Aceitar a eleição, por outro lado, poderia significar quebrar o juramento de lealdade ao imperador: mas o imperador estava realmente envolvido na questão boêmia? Frederico e seus conselheiros achavam que não, argumentando que a revolta fora contra o rei da Boêmia e não contra o imperador alemão. Entre as muitas coisas bizarras que havia na constituição alemã, de fato, uma das mais estranhas era que não se sabia exatamente se o Reino da Boêmia fazia parte do Império ou não, isto é, se e até que ponto o rei da Boêmia, como eleitor, era príncipe do Império. Para muitos, sua participação no Império terminava no ato da eleição imperial: uma vez votada a eleição do imperador, o rei da Boêmia, segundo eles, não era mais um membro do Império, já que a Boêmia era um país tcheco e não alemão. Consequentemente, deduzia-se disso que a revolta boêmia não era dirigida contra o imperador, mas contra o rei da Boêmia, que fora deposto por seus súditos; portanto, Frederico V podia lutar contra um rei deposto sem se rebelar contra o imperador: mesmo que fisicamente o rei deposto e o imperador fossem a mesma pessoa, institucionalmente se tratava de coisas muito diferentes. Com base nessas distinções sutis, Frederico v decidiu aceitar a eleição, incentivado por Cristiano, que não tinha necessidade dessas sutilezas. Em agosto de 1619, a Dieta elegeu Frederico como rei boêmio.

No momento em que o eleitor deixava os estados do Reno para se dirigir a seu novo reino, não faltaram protestos daqueles que mantinham os olhos na situação europeia. A localização do Palatinado da Renânia, de fato, era de fundamental importância para as comunicações entre os Países Baixos (onde o exército de Spinola estava estacionado) e o resto dos domínios espanhóis na Itália, no Franco-Condado e na Alsácia; e, uma vez que o fim da trégua de doze anos entre a Espanha e os Países Baixos era iminente, muitos temiam que, quando as hostilidades fossem retomadas, os espanhóis tentassem garantir uma linha direta de comunicação para reabastecer por terra os exércitos da Holanda. Depois que o eleitor deixasse o Palatinado, quem defenderia os territórios da Renânia? Cristiano de Anhalt contava com a União Evangélica; mas esta não ficou muito entusiasmada com a ideia.

No começo, as coisas correram muito bem para Frederico. Ele foi acolhido com entusiasmo em Praga; na Morávia, os protestantes rebeldes expulsaram Žerotín, que tentara conservá-la para os Habsburgo; juntas, a Lusácia e a Silésia se rebelaram, ligadas, embora com uma união federal, ao Reino da Boêmia. Além disso, as tropas do conde Thurn conseguiram avançar nos territórios dos Habsburgo sem encontrar forte resistência, até o ponto de sitiar a própria Viena onde Fernando viera se instalar às pressas. Contudo, mesmo antes da eleição de Frederico como rei da Boêmia, Fernando alcançara grande sucesso político. Na Dieta alemã, que se reuniu em Frankfurt em julho de 1619 para votar a sucessão imperial, mesmo os eleitores protestantes (João Segismundo de Brandemburgo e João Jorge da Saxônia) votaram em Fernando. O próprio embaixador do Palatinado (Frederico não interveio pessoalmente) votou, por um jogo processual, a favor do Habsburgo; de fato, o embaixador propôs vários candidatos, incluindo o duque da Baviera, mas como estes já tinham renunciado seus próprios votos em favor de Fernando, o voto do Palatinado passou para o último lugar.

No segundo ano de guerra (1619), as tropas da Liga Católica, sob as ordens do conde de Tilly, alcançaram certo sucesso sobre as tropas de Mansfeld em Sablat. Isso foi o suficiente para que Praga entrasse em pânico, as tropas de Thurn fossem chamadas de volta e o cerco a Viena fosse desfeito. Enquanto isso, a luta diplomática se desenrolava em escala europeia: o rei da Inglaterra informava a todas as cortes que não tinha intenção de ajudar o genro e desaprovava suas ações; as Províncias Unidas estavam inclinadas a apoiar o eleitor palatino, mas Maurício de Nassau – o único que assumira uma posição firme ao acreditar que a eclosão da guerra contra a Espanha era iminente – foi ameaçado pelo exército de Spinola, e ele poderia fazer muito pouco para ajudar o eleitor palatino. As cidades alemãs relutavam em enviar auxílio em dinheiro.

Restava o rei da França. A princípio, Fernando havia se dirigido a ele pedindo solidariedade, de soberano para soberano, contra os rebeldes. Luís XIII havia feito grandes promessas: ele ainda era muito jovem, ressentia-se da educação do partido "devoto" e era sensível ao motivo da solidariedade dos soberanos católicos contra a revolta protestante; no entanto, seus conselheiros não tardaram em mostrar a ele o perigo de um compromisso em favor dos Habsburgo. A França estava diante desse dilema, que seria resolvido apenas com a chegada de Richelieu ao poder. Apoiar a dinastia habsburga estava de acordo com os interesses da monarquia francesa enquanto monarquia católica, mas era ruinoso em nível internacional porque a hegemonia dos Habsburgo era a ameaça mais séria que a França tinha de enfrentar na Europa. Apoiar os Habsburgo da Áustria significava fortalecer os Habsburgo da Espanha; significava tornar a ameaça ao Reno mais perigosa, ou seja, o perigo que o Palatinado viesse a ser ocupado pelos espanhóis, com o consequente fortalecimento de suas posições precisamente nas fronteiras da França. Por outra parte, apoiar a revolta protestante contra os Habsburgo poderia ser útil internacionalmente, mas perigoso no plano interno porque fortalecia o partido huguenote.

As amplas promessas do soberano foram, portanto, atenuadas. Em vez da ajuda militar direta prometida, a França enviou uma embaixada liderada pelo duque de Angoulême, um valois (membro da dinastia anterior aos Bourbon e quase um príncipe de sangue), portanto um dos maiores expoentes da corte francesa. Durante a viagem a Viena, a delegação francesa encontrou-se em Ulm com os representantes da Liga Católica e da União Evangélica, que finalmente assumira os exércitos sob a liderança do margrave de Ansbach. Os exércitos das duas ligas quase se enfrentaram e o início das hostilidades era iminente. No entanto, graças à intervenção francesa, foi concluído um acordo com base no qual a União Evangélica e a Liga Católica deram uma à outra a garantia de não atacar os respectivos territórios. Pareceu, à delegação francesa, um grande sucesso porque se considerava garantida a neutralização da maioria dos territórios alemães. Depois do acordo, os dois exércitos se separaram: o da Liga Católica foi para o leste, o da União Evangélica foi para oeste do Reno.

Na realidade, o acordo de Ulm marcou o colapso da causa protestante na Alemanha; e com isso a diplomacia francesa cometeu um erro com enormes consequências, que apenas o gênio de Richelieu conseguirá reparar com um trabalho de décadas. Enquanto, de fato, as tropas da Liga Protestante voltavam pelo Reno, o exército de Spinola invadia o Palatinado e as tropas da Liga Católica se reuniam às forças que ameaçavam a Boêmia. A situação de Frederico era muito pior: os aliados com os quais ele contava diminuíram, e havia mais inimigos do que jamais imaginara que teria, começando com o eleitor da Saxônia, que se aliara ao imperador depois de ter recebido, da parte dele, garantias de respeito pela religião luterana (não calvinista) na Boêmia. João Jorge da Saxônia, além dos motivos egoístas de ganho territorial, tinha a aspiração de que a controvérsia boêmia fosse resolvida com exércitos alemães, impedindo tropas espanholas e flamengas de entrarem na Alemanha e decidirem o destino do Império; ele acreditava que uma grande concentração de forças contra Frederico poderia simplesmente decidir a luta sem tornar necessárias essas intervenções adicionais por forças não alemãs.

Do lado católico, Maximiliano da Baviera agia da mesma maneira. Ele obtivera do imperador o controle das operações contra a boêmia (enquanto o eleitor da Saxônia havia paralisado as operações na Silésia e na Lusácia) e, além disso, a promessa secreta que, se Frederico fosse derrotado, ele receberia uma parte de seus territórios e que, sobretudo, a seção eleitoral do Palatinado passaria definitivamente para o duque da Baviera. Basicamente, os dois expoentes do partido nacional alemão aparentavam perseguir o interesse geral da nação, mas na realidade procuravam obter benefícios para si e seus domínios particulares.

O resultado foi que, quando as tropas do conde de Tilly se reuniram com as de Buquoy que enfrentavam Thurn e Mansfeld, os exércitos católicos adquiriram uma clara prevalência sobre os do novo rei da Boêmia. Eles se perfilaram por um dia e meio quase sem se deixar ver, ao longo da colina da Montanha Branca, nas proximidades de Praga, onde houve uma batalha decisiva que em poucas horas destruiu o exército protestante e abriu a cidade à ocupação católica (8 de novembro de 1620).

Este foi o resultado do acordo de Ulm, que permitiu empregar contra a Boêmia o exército da Liga Católica, sem qualquer intervenção do exército da União Evangélica. A maior responsabilidade disso recaía na diplomacia francesa. A causa protestante entrava em crise em todo o Império e Frederico V, que se refugiara na Holanda, começou a procurar novos aliados.

XI
A política imperial alcança um sucesso impressionante

Com Praga e Boêmia ocupadas em nome do imperador, os vencedores começaram uma política de rígida intolerância e conversão forçada da população boêmia. Começou-se com o entalhe, nas igrejas da capital, do cálice que simbolizava a comunhão sob as duas espécies, para chegar a medidas muito mais sérias. As comunidades protestantes eram forçadas a hospedar regimentos vitoriosos – arcando com todas as despesas – e sofrer o peso dos inconvenientes que o aquartelamento das tropas envolvia, ou seja, pagar grandes contribuições até que decidissem abjurar.

Das dificuldades encontradas para a conversão, a mais imediata era encontrar padres católicos em número suficiente, e por algum tempo ocorreram situações estranhas. Muitos pastores protestantes se viram diante da alternativa de perder seu benefício ou de se converter: a maioria se convertia, outros se convertiam pela metade, continuando a viver com as esposas, chamando-as de enfermeiras ou prestadoras de serviço; outros se declaravam católicos diante dos bispos, mas continuavam a administrar a comunhão sob ambas as espécies, ou pregar de

145

acordo com a tradição utraquista. Em suma, houve um período de considerável confusão, em que uma substância protestante permanecia sob a crosta católica. Mas não durou muito. Na maior parte da Boêmia e da Morávia, a confissão católica foi retomada; e também a religião luterana, pela qual o eleitor da Saxônia acreditava que receberia algumas garantias, não era respeitada. A agregação da Boêmia ao mundo católico da Contrarreforma ocorreu de uma maneira que contradiz a máxima de que a força das armas não pode fazer nada contra a das ideias. O fato é que a política católica de força não foi apenas bem-sucedida em converter os boêmios, mas também em torná-los católicos fervorosos: e quando, depois de algumas décadas, Praga for atacada por protestantes, sua população defenderá heroicamente essa religião que lhe fora imposta pela força.

Devemos lembrar o estado de exaltação fanática que caracterizava essas últimas e talvez maiores guerras religiosas. Era o espírito da Contrarreforma que marcava a conduta do governo habsburgo na Boêmia. Nas igrejas de Viena, pregavam-se versículos do Evangelho como: "Você despedaçará seus inimigos com uma barra de ferro, você os quebrará em pedaços como panelas de barro". Medidas extremas foram tomadas, em conformidade ao espírito reinante. A autonomia boêmia foi suprimida, e a monarquia transformada, em 1627, de eletiva para hereditária; a chancelaria e todos os órgãos dirigentes foram transferidos para Viena; procedeu-se a uma punição rigorosa dos líderes da revolta (alguns deles fugiram, como o conde Thurn): algumas dezenas entre os principais expoentes, incluindo o conde Šlik, moderado, foram condenados e executados, e seus membros mutilados permaneceram expostos em Praga por algumas décadas, como advertência ao povo boêmio.

Mas se a revolta havia terminado em Praga, não acontecia o mesmo na Alemanha. Mesmo antes que a batalha da Montanha Branca decidisse o destino da Boêmia, o Palatinado havia sido invadido, como se viu, pelas tropas de Spinola. Ele já estava estacionado na Holanda; não dispunha de muito tempo, mas o pouco que tinha foi usado bem: com uma expedição no Reno, ocupou quase todas as terras do Palatinado, exceto Heidelberg e a fortaleza de Frankenthal. Dessa forma, Frederico V perdera suas terras hereditárias antes mesmo de perder o novo reino. A invasão do Palatinado despertou vívidas reações por toda a Europa protestante. A opinião pública se agitara, mas a Inglaterra sob Jaime I tendia a uma reconciliação com a Espanha (foi um dos momentos em que as duas grandes potências, protestante e católica, fizeram a tentativa extrema de chegar a um acordo) e não queria se comprometer. Jaime I se limitou a enviar um regimento de 2 mil homens comandados por *Sir Horace Vere*, que conseguiram alcançar o Palatinado, mas permaneceram, com as poucas tropas de Frederico V, cercados pelos espanhóis em Frankenthal.

A causa de Frederico parecia perdida em toda a Alemanha e achava-se que o fim da guerra era iminente. Para isso era necessário, antes de tudo, que Frederico se reconhecesse derrotado e renunciasse ao Reino da Boêmia; em segundo lugar, Spinola teria de abandonar o Palatinado, que seria devolvido ao *status quo ante*; em terceiro lugar, era necessário que o exército de Mansfeld encontrasse alguém que o empregasse; e finalmente era preciso satisfazer Maximiliano da Baviera, com o qual o imperador tinha uma dívida de 18 milhões de florins (cifra que tendia a aumentar porque Fernando não tinha meios de pagar, especialmente agora que a Boêmia, a parte mais rica do reino, tinha ficado tão devastada que não permitia obter grandes recursos) e também estava ligado a sérias promessas. O primeiro ato de Fernando foi banir Frederico V do Império, ou seja, declará-lo rebelde, e convocar todos os príncipes para lutar contra ele como violador da paz do Império. Essa medida provocou oposições muito vivas no ambiente protestante, mas foi facilitada pelo próprio Frederico, que se recusava a abdicar do título boêmio, insistindo em defender a justiça de sua causa e buscar aliados para sustentá-la.

Esses novos aliados foram a princípio o margrave de Baden-Durlach (sudoeste da Alemanha), protestante, que dispunha de um pequeno exército de veteranos, e Christian de Brunswick, administrador do bispado luterano de Halberstadt: personalidade singular, que ganhou o nome de "o louco de Halberstadt". Proveniente de uma das muitas famílias principescas alemãs, era irmão do duque de Brunswick e possuía algumas qualidades notáveis que o tornariam um chefe de primeira classe se ele fosse capaz de ter algum autocontrole. Dominado por um ódio violento contra sacerdotes, seu zelo protestante se traduzia em um anticlericalismo acalorado; ostentava amor pela violência, pela guerra em si, junto com uma mescla de romantismo que o levara a se declarar apaixonado, idealisticamente, pela rainha boêmia, e alegava liderar a guerra "para Deus e para ela", como escrevera em todas as suas bandeiras. Um personagem dessa categoria usava métodos bastante enérgicos para coletar meios necessários para a guerra. Ele avançou em direção ao Palatinado fazendo-se preceder por cartas com as quatro pontas queimadas e nas quatro margens a escrita "fogo, fogo; sangue, sangue" dirigidas às cidades que atravessavam seu caminho. Dessa forma, conseguiu coletar rapidamente uma grande quantidade de meios e homens. Na verdade, entrou para a história como um Átila: mas era uma fama alimentada por suas palavras e atitudes, pois suas ações práticas eram muito menos horríveis.

Frederico então conseguiu subvenções das Províncias Unidas e da Inglaterra, com as quais pôde arregimentar o exército de Mansfeld. Tinha, portanto, três exércitos: o exército do margrave de Baden-Durlach, o de Christian de Brunswick e o de Mansfeld. Em 1621, o exército de Mansfeld, que ainda estava no Alto Palatinado, perto das fronteiras da Boêmia, se mudou para o Palatinado da Renânia e se juntou ao do margrave de Baden-Durlach. Os dois exércitos careciam de recursos, ao contrário do de Christian, cujas tropas estavam estacionadas na Vestfália, aonde ele teve de se mudar para equipar os outros. Na primavera de 1622, Christian começou sua descida para o sul. Mas Tilly conseguiu vencer o margrave de Baden-Durlach em Wimpfen sur Neckar e depois se interpôs entre Mansfeld e Christian de Brunswick; este, embora com sérias perdas, conseguiu ultrapassar a barreira em Höchst sur Main (perto de Frankfurt) e conduzir seu tesouro para o exército de Mansfeld. Porém, Mansfeld achou o empreendimento muito arriscado e não desejava seguir Christian em uma estratégia tão custosa; dessa forma, a relação entre os dois se deteriorou. Para concluir, diante do exército espanhol de Córdoba e do exército da Baviera de Tilly, os protestantes não alcançaram um sucesso significativo, de modo que o final da campanha viu o declínio de Frederico V no Palatinado. Surgiu o problema de anexar as tropas que entraram no Palatinado àquelas das Províncias Unidas, engajadas por Spinola na defesa de Bergen op Zoom. Christian de Brunswick abriu caminho para Fleurus e, juntamente com Mansfeld, conseguiu libertar Bergen op Zoom do cerco.

A tentativa de contraofensiva protestante no Palatinado fracassou e a política imperial pôde dar um passo adiante. Em 1623, Fernando reuniu um *Deputationtag* em Regensburg (Ratisbona) que proclamou Frederico decaído da qualidade de príncipe eleitor e transferiu essa dignidade para o duque da Baviera. Isso não aconteceu sem preocupações por parte dos eleitores protestantes. Mas Jorge Guilherme de Brandemburgo recebeu em feudo a Prússia do rei da Polônia, cunhado de Fernando, e João Jorge da Saxônia era fraco demais para se opor. Por outro lado, a transferência da dignidade eleitoral não foi aprovada, não só na Inglaterra, mas também na corte da Espanha.

Desde que Frederico V perdera o Palatinado, a diplomacia espanhola havia elaborado planos que incluíam a abdicação de Frederico em favor de seu filho mais velho, que quando se tornasse maior de idade se casaria com uma filha do imperador Fernando; e a Inglaterra também havia seguido essa política, pois via nisso o caminho para uma restituição pacífica do Palatinado. Por outra parte, a política dos Habsburgo da Espanha não coincidia naquele momento com a dos Habsburgo da Áustria. Por um lado, a política de Fernando tinha o objetivo de fortalecer o Império, dando mais peso efetivo à autoridade imperial, à defesa da causa católica combinada com a defesa dos interesses dinásticos da casa da Áustria; por outro, a política da corte de Madri tinha como preocupação maior derrubar as Províncias Unidas, não apenas para regular os relatos da revolta que começara no tempo de Filipe II, mas acima de tudo porque o governo espanhol, agora ciente da decadência econômica do país, via uma possibilidade de recuperação na reconquista do comércio florescente das Províncias Unidas. Para isso era necessário envolver na planície flamenga operações militares que comportavam problemas de comunicação terrestre (Valtellina, presença francesa próximo do Reno, o Palatinado, a União Evangélica); pelo mar, o maior obstáculo era o poderio inglês.

O duque de Olivares, que será o grande rival de Richelieu durante todo o período em que o governo do cardeal durar, iniciou nessa época uma política de colaboração com a Inglaterra. Essa política tinha como objetivo orientar a Espanha não rumo à conquista da hegemonia continental, mas rumo à sua consolidação como uma grande potência oceânica: isto é, visava resolver o problema das relações com a Inglaterra em um plano pacífico, transformar a Espanha em uma grande potência comercial, vencendo as Províncias Unidas de um lado e assegurando do outro um controle pacífico das rotas de comunicação com as grandes possessões americanas. Em suma, uma visão do futuro espanhol totalmente diferente do que a história conhecerá. Alguns anos depois, a política espanhola se identificará com a da Áustria. Agora, no entanto, essa diretiva encontrava uma oportunidade favorável na atitude de Jaime I da Inglaterra.

A Inglaterra era um país protestante com um forte movimento puritano; o sentimento anticatólico estava crescendo, e o terreno a partir do qual a guerra civil surgirá estava sendo preparado. A posição da monarquia, no entanto, era muito diferente. Jaime I era um especialista em teologia, ligado a elementos culturais de origem italiana, e não se esquecia de que era filho de Maria Stuart, isto é, de que pertencia àquele ramo que tentava afirmar a monarquia absoluta na Inglaterra. Naquele momento, a causa do absolutismo monárquico aparecia ligada, internacionalmente, às causas espanhola e católica. Jaime I não pretendia introduzir o catolicismo na Inglaterra, mas via em um acordo com a Espanha a oportunidade de repressão do impulso puritano e a melhor maneira de ampliar os poderes da monarquia inglesa.

A diplomacia espanhola e inglesa, como já foi dito, começou a estudar projetos que tendiam a restaurar pacificamente Frederico V no Palatinado, mas colidiram com a resistência do próprio Frederico, que não queria renunciar a seus supostos direitos sobre a Boêmia, e também com a resistência de Fernando, que acreditava que se deveria seguir uma política de hegemonia continental, em uma visão muito diferente daquela de Olivares, dos interesses dos Habsburgo e da Contrarreforma. O momento em que a política anglo-espanhola pareceu mais próxima do sucesso foi quando se fez uma tentativa de realizar o casamento entre o príncipe de Gales e uma infanta da Espanha. A tentativa foi promovida pelo favorito de Jaime I, George Villiers, duque de Buckingham, que acompanhou o príncipe Carlos em uma jornada clandestina, primeiro à corte da França e depois à de Madri, deixando esta última em grande agitação. Contudo, a corte espanhola dividiu-se sobre a proposta de casamento: eram necessárias garantias quanto à educação religiosa dos filhos que nasceriam do casamento e à repressão das leis excepcionais contra os católicos em vigor na Inglaterra, que haviam se tornado mais rigorosas depois da "Conspiração da Pólvora" de 1605. Para justificar esse casamento diante da opinião pública espanhola, a corte precisava fazer algumas concessões religiosas, isto é, atenuar as medidas contra os católicos. Mas essas permissões e o plano de um casamento espanhol despertaram a reação da opinião protestante inglesa. O resultado foi que, depois de alguns meses, Buckingham e o príncipe herdeiro voltaram para a Inglaterra, para alívio da corte espanhola, por um lado, e por outro despertando grande entusiasmo entre o povo londrinense (em Londres haviam se realizado manifestações de rua por causa da estadia prolongada do príncipe Carlos em Madri, e também houve boatos de guerra para libertar o príncipe que se acreditava detido à força na Espanha). O casamento fracassado pesou muito sobre as relações anglo-espanholas, e Richelieu se inseriu nessa rachadura, pois retomou o plano de um casamento entre Henriqueta da França e Carlos da Inglaterra.

Na Alemanha, a nomeação de Maximiliano da Baviera como príncipe eleitor não havia encerrado o grande conflito. Seu terreno agora estava se movendo para o norte, onde crescia o interesse do rei Cristiano da Dinamarca, que pretendia garantir certos principados eclesiásticos do círculo da Baixa Saxônia (arcebispado de bremen, bispado de Halberstadt e outros) para seu segundo filho, que não teria reinado na Dinamarca. Frederico V, enquanto isso, apesar de não ter conseguido realizar o projeto de uma grande aliança anti-habsburga, que devia ir da Inglaterra até os turcos, conseguira começar uma nova campanha. Em 6 de agosto de 1623, no entanto, em Stadtlohn, Tilly relatou outra grande vitória sobre as tropas de Christian de Brunswick, que, tendo perdido grande parte de suas forças, se refugiou na Holanda. Assim, a causa protestante se reduzira a se apoiar em forças extra-alemãs: Cristiano da Dinamarca e, em segundo plano, o rei da Suécia.

Resolvida a questão do eleitorado, agora transferido para o duque da Baviera, Fernando deixava Regensburg (Ratisbona) e, em abril de 1623, voltava para Praga. Depois de cinco anos, o país havia sido devastado, sua população dizimada, a pobreza e a miséria eram visíveis em toda parte. O mais grave era a inflação monetária. No começo da guerra havia na Alemanha um sistema monetário caótico, correspondente ao caos do mapa político do país. As autoridades locais podiam ter suas próprias casas da moeda, o que implicava uma grande variedade de moedas. As duas moedas fundamentais eram o táler na Alemanha setentrional e o *Gulden* (florim) na Alemanha meridional. Depois dos eventos da guerra, o *Gulden* começou a perder valor contra o táler em uma extensão variável, dependendo da localização, mas com picos muito altos: por exemplo, em Nuremberg, um *Gulden*, que em 1618 valia um táler, agora valia 1/15 de táler.

Diante disso, as autoridades habsburgas e, em particular, o príncipe de Liechtenstein, lugar-tenente imperial em Praga, haviam procedido a uma operação muito comum na história monetária da Europa até o século XVII, chamada "elevação", que consistia em diminuir a quantidade de prata contida na liga de moedas, mantendo inalterado seu valor nominal. Liechtenstein chegou a diminuí-la em 75% (em um Gulden havia, portanto, um quarto de prata em relação à emissão anterior), alegando que a moeda tinha o mesmo valor nominal, ou seja, que os preços permaneciam inalterados. Pelo contrário: isso naturalmente levou a um aumento dos preços impossível de conter, e sobretudo ao fenômeno expresso pela lei de Gresham (em homenagem a um economista inglês contemporâneo), segundo a qual o dinheiro ruim expulsa o bom. Todos, de fato, remeteram boas moedas (as únicas que eram aceitas no comércio internacional) ao exterior para comprar bens, ou guardavam-nas; então, a única moeda que permanecia em circulação era a ruim (desvalorizada). Os preços dos alimentos subiram doze vezes em Praga. A situação monetária piorou tanto que o comércio internacional cessou quase por completo, enquanto internamente a moeda estava tão desvalorizada que os camponeses não a aceitavam, nem os soldados. Em certas áreas do país, o escambo retornou: isso aconteceu em uma região que tinha sido a mais próspera da Europa central por seu desenvolvimento econômico. A crise comercial teve, no entanto, uma consequência política e social importante, pois levou à destruição da classe mercante que tinha sido a guardiã mais zelosa das autonomias citadinas na Boêmia e, portanto, favoreceu o fortalecimento político dos Habsburgo na região.

Além disso, em 1623, Fernando chegava à Boêmia determinado a aplicar o conselho do cardeal Carafa, um dos expoentes mais intransigentes da Contrarreforma católica, e aproveitar a situação para reavivar as finanças imperiais com uma grande transação financeira. A operação, que começou antes de sua chegada, foi acelerada por isso. Um decreto imperial do outono de 1622 afetava todos os proprietários que estiveram envolvidos na rebelião, com sequestro total ou parcial de seus ativos. Cinquenta cidades, 658 famílias nobres e terras equivalentes à metade de toda a província foram afetadas pelo decreto na Boêmia; na Morávia, trezentos proprietários foram atingidos por apreensões que variavam da totalidade a um quinto de seus ativos. O imperador, que precisava de uma quantidade enorme de dinheiro, procedeu a uma série de vendas em leilão dos bens adquiridos. Mas a oferta de tantos produtos ao mesmo tempo devia manter os preços baixos, enquanto o governo tinha necessidade de aceitar em pagamento, sem poder recusar, o dinheiro desvalorizado que ele próprio emitira. O imperador, dessa forma, perdeu um enorme patrimônio fundiário, e não tinha em troca mais do que aquela moeda sem valor, que ninguém queria.

Mais uma vez as consequências sociais foram enormes, porque a ruína da classe mercante se acelerou e grande parte da nobreza protestante foi destituída de suas posses. Em seu lugar avançaram católicos fervorosos, e especialmente pessoas que tinham interesse em apoiar o governo habsburgo para garantir os bens recém-adquiridos. Entre eles, uma classe de especuladores que conseguiram se encaixar nessa operação e que acumularam enormes fortunas (muitos funcionários e favoritos da corte imperial). Foi a era de ouro dos especuladores, que conseguiram abocanhar dezenas de feudos; entre estes Liechtenstein, que comprou dez, e principalmente Wallenstein, então governador militar de Praga, que adquiriu 66, e que estava ligado à corte imperial, para a qual fazia empréstimos, reduzindo o imperador a um devedor de cifras muito elevadas.

XII
A França tropeça nos novos equilíbrios europeus

A situação na Alemanha depois da batalha de Stadtlohn era mais favorável aos Habsburgo. O exército de Mansfeld tinha sido rejeitado na Holanda, o exército cristão de Brunswick reduzira-se a poucos remanescentes, o controle da Alemanha central agora estava assegurado, estava em curso a catolicização da Boêmia e o território do eleitor palatino tinha sido ocupado por seus adversários.

Também na Itália, a situação havia mudado em favor dos Habsburgo, especialmente em Valtellina, um ponto de passagem entre a Itália e a Alemanha mais seguro do que o Tirol, que em sua entrada (perto de verona) estava sob ameaça veneziana direta. Já que Veneza não fazia parte do sistema de alianças habsburgas, pois gravitava na esfera francesa, a Espanha estava extremamente interessada em Valtellina. Essa região, cuja população era em sua maioria católica, pertencia ao Cantão protestante dos Grisões. Em 1620, uma revolta católica ocorreu contra os Grisões, provavelmente incitada pelos espanhóis ou os Habsburgo, mas certamente provocada pelo assédio sofrido, e os principais centros de Valtellina, Tirano e Teglio foram ocupados pelos revoltosos.

Os Grisões eram tradicionalmente aliados da França, que também estava interessada no controle de Valtellina por razões opostas àquelas da Espanha. No entanto, a debilidade interna daqueles anos impedia a França de fazer uma intervenção enérgica em favor dos Grisões; só conseguiu obter a retirada das tropas espanholas que haviam ocupado a região em apoio aos rebeldes e sua substituição por algumas guarnições papais. Essa solução, no entanto, satisfazia muito pouco o partido dos "bons franceses", para quem um controle pontifício em Valtellina parecia substancialmente equivalente ao controle da Espanha. Contudo, esse medo era apenas parcialmente fundamentado. Em 1623, tornava-se papa Urbano VIII (pontífice por todo o período do governo Richelieu), que interpretava a causa católica de maneira diferente do rei da Espanha. Seu objetivo era promover a causa católica na Europa e, ao mesmo tempo, impedir que isso se resolvesse numa hegemonia indiscutível dos Habsburgo e, portanto, da Espanha na Itália. Essa linha contraditória foi desenvolvida por Urbano VIII em sentido desfavorável para a Espanha, visando limitar seu poder e garantir ao papa uma esfera mais ampla de autonomia na península.

De qualquer forma, a situação europeia que estava se perfilando na primeira fase da Guerra dos Trinta Anos não era muito favorável para a França; e isso explica tanto o descontentamento que levou ao afastamento de La Vieuville quanto as tentativas que ele fez para enfrentar a situação. É claro, porém, que se a política externa francesa estava passando por um período de crise naqueles anos, não quer dizer que Richelieu, uma vez no poder, teve de começar do zero ou abandonar a linha seguida por seus antecessores (como ele afirmava): o cardeal promoveu de maneira mais consistente e vigorosa certas diretrizes já traçadas. As tropas francesas foram em auxílio dos Grisões e se pediu ao pontífice que retirasse suas guarnições; isso, se despertou algum escândalo no partido "devoto", no entanto, repôs o problema de Valtellina e levou ao controle da região pelos franceses. Isso já em 1624, e era um fato importante porque cortava as comunicações entre o setor italiano e o setor alemão dos Habsburgo: um primeiro revés para a fortuna dos Habsburgo. Ao mesmo tempo, Richelieu promoveu uma intervenção na Itália fazendo uso de alianças tradicionais com o duque de Saboia e com a República Veneziana. Foi organizada uma expedição contra Gênova, comandada pelo duque de Saboia Carlos Emanuel I, e pelo novo condestável francês, o duque de Lesdiguières (que seria o último condestável da França, porque depois o rei suprimiu o cargo), expedição que, no entanto, não obteve sucesso.

Essa iniciativa enérgica na Itália foi acompanhada de uma ação diplomática em larga escala, já estabelecida pelos antecessores de Richelieu. Na Inglaterra, abandonado o projeto de casamento entre Carlos I e uma infanta da Espanha, depois da tempestuosa viagem do príncipe de Gales e de Buckingham a Madri, retomou-se uma ideia que já havia sido ventilada anteriormente: o casamento entre o príncipe e Henriqueta da França. A orientação antiespanhola, que havia levado na Inglaterra ao fracasso das negociações, favoreceu a conclusão desse casamento; o próprio Buckingham, extremamente irritado com o fracasso que sofrera em Madri, agora pensava na guerra contra a Espanha e, nesse sentido, fez propostas a Richelieu.

Enquanto isso, Jaime I morreu e Henriqueta não se casou mais com o príncipe do País de Gales, e sim com o novo rei da Inglaterra, Carlos I.

Tudo isso, além da ocupação de Valtellina, representou um golpe severo no sistema espanhol; de fato, as comunicações com o exército dos Países Baixos pareciam mais difíceis, sendo impedidas por terra em Valtellina e por mar pela frota inglesa. A diplomacia francesa agora retomava o projeto de um vasto sistema europeu de alianças já cobiçado por Frederico V, e que deveria compreender o rei Cristiano IV da Dinamarca, o rei da Suécia Gustavo Adolfo, Bethlen Gábor e até os turcos. Agora nas mãos de Richelieu, esse projeto começou a passar da imaginação à realidade. Estreitou-se uma aliança, em Compiègne, com os Países Baixos, com base na qual o reino da França se comprometeu a conceder um subsídio de mais de 2 milhões de liras por ano aos Países Baixos e estes, em troca, deviam fornecer-lhe uma frota de vinte navios.

Também se juntou à aliança o margrave de Brandemburgo, enfraquecido por sua posição calvinista em um país predominantemente luterano e preocupado com o que estava acontecendo na Alemanha. Os sucessos do conde de Tilly de fato trouxeram a guerra para as regiões do norte e puseram as regiões centrais sob controle católico. Os príncipes alemães tentaram reagir a essa situação, sempre por medo das intervenções exteriores na Alemanha. O eleitor de Mainz, a quem cabia reunir os príncipes eleitorais para a nomeação imperial, convenceu o eleitor da Saxônia a reconhecer a concessão do título eleitoral do Palatinado a Maximiliano da Baviera. O eleitor da Saxônia foi induzido a esse reconhecimento porque estava convencido da necessidade de levar Maximiliano a um sistema de alianças que defenderia os interesses do chamado partido constitucional: enfrentando o crescente poder do imperador, em face dos sucessos imperiais e da ameaça de intervenções estrangeiras, tratava-se de criar uma coalizão de forças alemãs independente que defenderia a liberdade dos príncipes alemães. Maximiliano, de fato, temia que os espanhóis quisessem anexar permanentemente o território do Palatinado que eles haviam ocupado juntos. Para se garantir, buscou a proteção de Richelieu, ameaçando assim se aliar à França e não à Espanha e passar então do sistema habsburgo para o sistema anti-habsburgo. Mas Richelieu, naquele momento, estava negociando o casamento do rei da Inglaterra e teve de rejeitar essas aproximações. Uma das constantes da política inglesa, de fato, tinha sido a de apoiar o eleitor palatino, já que a esposa de Frederico V era filha de Jaime I e irmã do novo rei.

Contra a posição de Maximiliano, um novo perigo estava se formando. As alianças feitas pela diplomacia francesa ameaçavam a causa católica na Alemanha e, portanto, também os sucessos obtidos por Maximiliano, em especial agora que o rei da Dinamarca entrava em cena e que a Suécia também previa sua intervenção. A única força que estava na Alemanha era o exército da Liga Católica, dependente do duque da Baviera. O rei da Dinamarca ameaçava a intervenção seja por razões religiosas, seja sobretudo por razões políticas. Ele, como duque de Schleswig-Holstein, era um príncipe do Império, mas havia algum tempo vinha arquitetando o plano de anexar ao seu domínio uma série de senhorios eclesiásticos pertencentes a um dos dez círculos do Império, isto é, o Círculo da Baixa Saxônia. Esses senhorios eram o arcebispado de bremen, que já havia nomeado o príncipe dinamarquês como seu administrador, o arcebispado de Halberstadt, o de verden e outros. Isso contrariava os planos do imperador, que não tinha intenção de vender esses territórios para um príncipe protestante e amplamente independente do Império. Então, a relação entre o rei da Dinamarca e Tilly se deteriorou e se chegou à ocupação, por parte do primeiro, dos territórios meridionais e, pelo segundo, dos setentrionais. Em vão os senhores do Círculo da Baixa Saxônia tentaram permanecer neutros; a situação chegou a ponto de possibilitar a intervenção conjunta dos suecos e dinamarqueses na Alemanha.

Felizmente para a casa dos Habsburgo isso não aconteceu, porque entre os suecos e dinamarqueses surgiu uma disputa sobre o controle das operações, que todos reivindicaram para si. A ideia de que a Dinamarca pudesse controlar suas tropas não agradou a Gustavo Adolfo, que então rompeu a trégua com Sigismundo da Polônia, reiniciou a guerra polonesa e se retirou da política alemã, deixando o rei da Dinamarca com pouca ajuda protestante. Assim, a grande aliança que havia sido delineada começou a cair e as forças que entraram em campo para o início ativo da guerra foram muito menores do que os protestantes esperavam a princípio.

Os anos de 1624 e 1625 haviam registrado uma relativa desaceleração das operações, mas nem por isso as condições do país tinham melhorado, pois os exércitos acampados haviam devastado as regiões em que se estabeleceram. As tropas viviam saqueando, atacando até as igrejas e violando os túmulos. Isso, acima de tudo, por parte do exército mercenário de Tilly. Enquanto isso, outro exército surgia, mais bem remunerado e dependente do Império, pelo menos de forma oficial. Era o exército de Wallenstein. Ele havia antecipado somas ao imperador e, em seguida, propusera a arregimentação de um exército de 50 mil homens. O imperador, com medo de conferir-lhe um poder excessivo, autorizou o recrutamento de 20 mil homens, mas alguns anos depois Wallenstein terá 140 mil. Ele era uma figura enigmática e bizarra. Alguns episódios da juventude mostram-no como uma pessoa violenta: esteve envolvido em um assassinato, pelo qual fugiu para a Itália, onde se converteu ao catolicismo. Seu temperamento é descrito em um horóscopo feito por Kepler, que o retrata como um personagem solitário, incapaz de amar, ambicioso, dotado de grande crueldade e capaz de conceber grandes projetos. Esse é o personagem que aparece ao lado de Tilly.

Em 1626, as operações foram retomadas em grande estilo, porém comprometidas, do lado protestante, pela falta de acordo entre os líderes. Cristiano estava disposto a operar sob as ordens do rei da Dinamarca, mas não sob as de Mansfeld, que havia reconstituído seu exército na Holanda, onde em 1625 os espanhóis tinham alcançado um grande sucesso, a conquista de Breda. O resultado foi uma ação mal coordenada. Christian de Brunswick tinha de contornar as tropas do conde de Tilly e chegar ao território neutro de Hesse para arrastá-lo para a guerra. Mansfeld, através de Brandemburgo, deveria vir para o sudeste da Alemanha (Silésia) para ajudar Bethlen Gábor na Hungria. Cristiano da Dinamarca devia enfrentar as tropas de Wallenstein. As operações foram desde cedo ruins para os protestantes: Christian de Brunswick sofreu uma séria derrota, perdeu quase todas as tropas e morreu pouco depois, aos 28 anos (a propaganda católica disse que ele havia morrido como Herodes, com um enorme verme roendo suas entranhas). Enquanto isso, Mansfeld se viu diante de Wallenstein, que tentava impedir sua marcha para a Hungria. Para operar efetivamente era necessário que o rei da Dinamarca e Mansfeld se movessem coordenados, mas era precisamente isso que Wallenstein queria impedir, portanto se enfileirou entre os dois exércitos e em algum momento, quando Mansfeld tentou atravessar o Elba para se aproximar das tropas do rei da Dinamarca, se envolveu em Dessau, no Elba, em um embate de importância decisiva, tanto para Mansfeld quanto para Wallenstein: para o primeiro, porque esse velho mercenário nos últimos anos sempre havia perdido e sua reputação estava desmoronando, então ele precisava de uma vitória; para o segundo, porque ele era um novato e rumores desfavoráveis corriam sobre sua pessoa (dizia-se que era um perigo para o imperador). Mansfeld subestimou Wallenstein, que lhe infligiu uma séria derrota e impediu sua travessia do Elba.

O rei da Dinamarca permaneceu sozinho diante do conde de Tilly, e depois de uma série de eventos ocorreu a batalha de Lutter (1626), que terminou com uma vitória clamorosa e decisiva para Tilly. Mansfeld tentou então reunir suas forças na esperança de ainda ser possível se juntar a Bethlen Gábor, mas tumultos em seu exército, por causa de não pagamento, o impediram. Então ele partiu para o sudeste, não para alcançar Bethlen Gábor, que em seu nome havia feito um acordo com o imperador, mas para um propósito desconhecido, alguns dizem que para se alinhar com os turcos; o fato é que, durante a jornada, ele perdeu a vida e saiu da história.

A causa católica havia se estendido até controlar a Alemanha setentrional, que enquanto isso começava a ser interessante para a política espanhola. Em Madri, estava-se planejando um projeto que foi relatado por um legado espanhol em um encontro com os dois generais católicos, Wallenstein e Tilly. O plano da corte espanhola era atrair as cidades da Liga Hanseática para a causa da Liga Católica, bloquear o comércio do Báltico aos holandeses e impedir o fornecimento de grãos às Províncias Unidas, dar um golpe em sua economia e forçá-las a se render. Assim, havia duas diretrizes: por um lado, a política espanhola relativa à redução de Províncias Unidas; por outro, a política imperial, cujo horizonte abrangia agora a Alemanha setentrional e estava começando a pensar na perspectiva do domínio do Báltico. Nunca, como nesses anos, a ideia do domínio dos Habsburgo na Alemanha foi tão próxima da realidade. A proposta espanhola não foi levada em consideração pela Liga, mas Wallenstein não a esqueceu e, alguns anos depois, voltou a ela.

O ano de 1626 vira um ressurgimento da fortuna católica na Alemanha. Na Itália, a expedição desejada por Richelieu em Valtellina obteve sucessos notáveis, mas, ao mesmo tempo, o cardeal havia sido forçado a modificar suas diretrizes de política exterior antiespanhola com o desenrolar da situação interna francesa.

Quando Richelieu chegou ao poder, durante os primeiros meses manteve o equívoco. Fora bem recebido pelos dois partidos: o católico zeloso, que esperava uma política pró-espanhola, e o dos "bons franceses", que, por outro lado, acreditava que ele era contra esse objetivo, como acontecia com os ministros que foram criticados precisamente por ter feito aquilo. A princípio, o equívoco poderia ser mantido, mas a intervenção em Valtellina e o fato de que as tropas francesas estavam tomando uma posição decisiva contra a Espanha e, sobretudo, contra as tropas papais começaram a suscitar alarme no ambiente próximo à rainha-mãe, que até então protegia Richelieu.

Por outro lado, a situação estava piorando também devido à retomada da questão protestante. Entre as cláusulas da Paz de Montpellier havia a demolição do forte Louis, que fora construído pelo rei em La Rochelle para controlar essa pedra angular protestante durante a guerra. O rei não queria demolir o forte, provocando o descontentamento dos habitantes de La Rochelle e o medo de que ele quisesse se apropriar da cidade com alguma manobra.

Um dos líderes protestantes, o príncipe de Soubise (irmão do duque de Rohan), em 1625 havia se apoderado, no golfo de Morbihan, de uma flotilha armada pelo padre José e pelo duque de Nevers para seus propósitos de libertação da Terra Santa, e posteriormente havia ocupado as ilhas de Ré e Oléron, em frente a La Rochelle. Em setembro do mesmo ano, o marechal Toiras reocupou as duas ilhas, mas, por sua fraqueza marítima, Luís XIII teve de recorrer aos aliados holandeses, que enviaram uma frota; esta, no entanto, era composta de tripulação protestante, que se recusou a lutar contra os correligionários.

Isso acentuou as dificuldades da política de Richelieu, que no exterior se apoiava nos protestantes, enquanto lutava contra eles dentro do reino; e, devido à oposição que encontrava no partido "devoto", fez uma revisão de sua política. Elaborou essa revisão em uma memória endereçada ao rei, na qual se esclarecem os motivos fundamentais da política externa de Richelieu no final de seu primeiro ano do governo (1625). Richelieu estava ciente da impossibilidade de perseguir uma política externa coerente sem primeiro ter consolidado a autoridade real dentro do reino; até certo ponto, a consolidação da autoridade do rei começava a parecer preliminar à necessidade de afirmar o poder francês na Europa. Na verdade, nenhuma das duas exigências poderia ser atendida independentemente da outra, e o trabalho político magistral de Richelieu reside em ter oferecido uma solução que não era exclusiva em um sentido ou outro, mas que combinava as duas exigências.

XIII
Consolidar o quadro interno para dominar a Europa: Richelieu muda de rumo

A política externa de Richelieu seguia, como já se disse, as diretrizes fundamentais traçadas por La Vieuville pouco antes de sua renúncia, e era dividida em três pontos principais: 1) iniciativa em Valtellina na tentativa de ajudar os Grisões e desmantelar o sistema de comunicações hispano-imperiais; 2) aliança e subsídios às Províncias Unidas para fortalecer a resistência desse principal inimigo da monarquia espanhola; 3) casamento inglês, cujas negociações, iniciadas pouco antes da ascensão de Richelieu ao poder, foram concluídas alguns meses depois. Na base de tudo isso estava a tentativa da diplomacia francesa de construir um grande sistema de alianças com os países protestantes e reforçar as alianças tradicionais da Itália com a República de Veneza e o duque de Saboia.

É difícil dizer se La Vieuville, ao iniciar essa política, tinha um propósito político claro e coerente; é muito duvidoso, no entanto, que Richelieu o tivesse, nesses primeiros anos de seu governo (como ele tentou fazer crer com seus escritos posteriores e como em geral a propaganda inspirada por ele tentou demonstrar). Claro, se ele teve esse propósito, deve-se dizer que se importava muito pouco com o impacto da realidade. Já com o fracasso da grande aliança planejada em 1625, Richelieu começou a perseguir objetivos, como a paz imediata com a Espanha, em parte contraditórios com seu projeto de política externa, e em parte condicionados por acontecimentos internos e europeus que eram difíceis de controlar. Se os sucessos dos Habsburgo, em vez de estagnar, continuaram com novas vitórias da causa católica na Alemanha em 1626 (Dessau, Lutter etc.), isso se deveu ao fato de que nessa primeira fase o projeto político de Richelieu não conseguiu se desenvolver. A construção diplomática com a qual ele tentara se opor aos sucessos militares dos Habsburgo entrou em colapso sob o peso de dificuldades internas e internacionais. Estava comprometido, pelo menos por enquanto, seu esforço para contrariar efetivamente a tendência à "monarquia universal", como ele qualificava a tentativa de hegemonia dos Habsburgo (uma perspectiva à qual alguns se opunham, mas que era exaltada por outros, e será suficiente lembrar *La monarchia di Spagna* de Campanella, na qual se espera que a Espanha consiga restaurar a monarquia universal, a paz universal e uma ordem europeia permanente).

O mar em que a construção diplomática de Richelieu naufragou nessa primeira fase foram fatores em parte de política externa e em parte de política interna. Em primeiro lugar, as relações com a Holanda e os subsídios aos protestantes provocaram a oposição do partido "devoto". O segundo obstáculo era a iniciativa em Valtellina. Aqui não houve confrontos reais; mas as tropas francesas, com uma série de ações, obtiveram das tropas papais a rendição dos fortes em sua posse. Não era uma guerra de verdade, mas parecia uma campanha de guerra contra as forças do Santo Padre, e isso provocava protestos do partido "devoto". Finalmente, havia o casamento inglês. Contraído com base em uma série de acordos de caráter político com função antiespanhola, ele também tinha sido apoiado pelo partido "devoto", que via favoravelmente que um rei da Inglaterra se casasse com uma princesa católica e que esta não renunciasse à sua religião, mas pudesse levar consigo certo número de eclesiásticos, tivesse o direito de fazer celebrar missas e educar crianças até uma determinada idade na religião católica e, acima de tudo, que Carlos I prometera em particular atenuar a aplicação de leis excepcionais contra católicos. Tudo isso, de fato, era parte de uma tentativa de recuperar a ilha para a Igreja católica, e nesse sentido já trabalhavam ativamente na Inglaterra missionários mais ou menos disfarçados.

Mas os fatos não se desenrolaram de acordo com as previsões, por um lado porque, quando Henriqueta chegou a Londres, se viu enredada nas difíceis relações entre Carlos I e o duque de Buckingham, que fazia de tudo para criar dissabores entre os cônjuges; e, por outro, porque sua corte católica se mostrou tão zelosa que provocou a fúria dos protestantes, especialmente com a procissão de expiação realizada no local onde foram executados os responsáveis pela "Conspiração da Pólvora". Em algum momento, Carlos foi forçado a pedir a volta de toda a corte católica de Henriqueta à França. E isso despertou muita irritação na corte francesa e no partido "devoto", complicada também por um caso amoroso entre a rainha Ana da Áustria e o duque de Buckingham, que certamente teve consequências políticas (não nos esqueçamos de que o governo era então visto como um assunto de família). O episódio culminante foi um acidente nos jardins de Amiens, durante a viagem de Henriqueta para a Inglaterra, o que levou Richelieu a tomar partido contra a continuidade de qualquer relação entre o duque e a rainha, considerando não muito digno para o rei e, portanto, para o prestígio da monarquia. A tensão entre Buckingham e Richelieu acabou colocando em crise as relações franco-britânicas, que tinham acabado de começar.

Para concluir, deve-se lembrar que as alianças internacionais da França eram condicionadas pela questão protestante dentro do reino. Já nos lembramos de como a Paz de Montpellier havia sido violada. Fez-se uma nova "tomada de armas" protestante liderada mais uma vez por Rohan. O príncipe de Soubise apreendeu uma flotilha que fora armada pelo padre José e o duque de Nevers para uma expedição à Terra Santa; o fato de que essa flotilha tenha caído nas mãos dos protestantes revelou a impotência marítima da monarquia francesa. De fato, era preciso recorrer aos navios holandeses: só que estes, equipados com elementos protestantes, depois de ter forçado Soubise a se refugiar em um porto inglês, se recusaram a continuar cooperando com o rei da França e voltaram para casa.

Toda a ação diplomática traçada por Richelieu colidia contra o emaranhado das exigências da política externa com os problemas internos. Era necessário que ele conseguisse vencer sua batalha contra a oposição interna para poder combater a hegemonia dos Habsburgo na Europa. Essa situação causou o fracasso da primeira tentativa de coalizão diplomática, o que levou a novas vitórias dos Habsburgo, e explica por que, por tanto tempo, até 1635, Richelieu liderou a luta contra a hegemonia espanhola não diretamente, mas fomentando adversários e lançando-os contra a Alemanha. E, de fato, a política do cardeal, sua excelência diplomática, será de servir-se dos contrastes internos do mundo alemão para impedir os planos hegemônicos dos Habsburgo, embora sem possuir força suficiente para enfrentar diretamente a luta.

O conjunto dessas dificuldades levou Richelieu a reconsiderar todo o sistema de alianças internacionais e desejar a paz, mesmo que isso significasse renunciar ao plano recém-concebido. Podemos ler, em uma memória apresentada por Richelieu ao rei no início de maio de 1625, as razões que o levavam a essa nova atitude.[1] Essa memória tem o estilo típico de muitos escritos do cardeal, que usava um método escolástico ao lidar com assuntos políticos. Ele listava todas as razões que o induziriam a fazer aquilo que, segundo ele, era desaconselhável fazer, depois apresentava as razões que poderiam pôr em dúvida as primeiras, e finalmente apresentava as conclusões das quais queria persuadir o rei.

A memória começa com um resumo da situação em 1625, descrevendo as forças que, de acordo com o plano de Richelieu, deveriam se reunir na grande aliança diplomática. Em sua opinião, a posição da Espanha na Europa estava em grave perigo: "Parece que todas as coisas conspiram agora para derrubar o orgulho da Espanha". E assim conclui a primeira parte:

> Por todas essas considerações, parece que nunca houve uma oportunidade tão boa para o rei de aumentar seu poder e cortar as asas dos inimigos. Mas é preciso virar a página e ver quais outras considerações podem contrabalançar aquelas que foram deduzidas até agora. Não vou apresentar a dificuldade de apro-

---

[1] A memória pode ser encontrada em *Lettres, instructions diplomatiques et papiers d'État du Cardinal de Richelieu*, v.II (1856), p.77-84. Os trechos apresentados foram traduzidos por Romeo.

veitar todas as vantagens possíveis das ocasiões presentes sem diminuição da religião em algo, especialmente desde que, mesmo que parecesse verdade no começo, o zelo e a piedade do rei fariam que, no final, a própria religião se beneficiasse."[2]

Ou seja, Richelieu começa contestando a acusação que poderia ser feita contra ele, de alcançar resultados prejudiciais à religião se continuasse com a política seguida até o momento. Segundo ele, o argumento dos "devotos" é inválido porque, embora a religião pudesse ter sofrido com isso no começo, o zelo do rei mais tarde seria suficiente para reparar as coisas.

"Não acho necessário lembrar", acrescenta, "que sempre tivemos muita sorte em fazer conquistas na Itália, mas fomos tão infelizes em conservá-las que os louros colhidos foram rapidamente transformados em ciprestes." Essa era mais ou menos a máxima que todos os políticos franceses haviam derivado das experiências das guerras do século anterior: de Carlos VIII em diante, os franceses tinham conseguido muitas vezes grandes sucessos, mas no final a Itália se tornara, de acordo com a propaganda da época, o "túmulo dos franceses". "Tanto que, tendo se tornado sábios à nossa custa, agora sabemos o verdadeiro segredo dos negócios da Itália; e esse segredo é tirar do rei da Espanha tudo que ele possui para cobrir os príncipes e os potentados da Itália, os quais, por interesse de sua própria conservação, ficarão todos unidos para conservar o que demos a eles."[3]

Em resumo, para combater a Espanha não era necessário cometer, segundo Richelieu, o erro muitas vezes repetido de

---
2 Ibid., p.78, 80-1.
3 Ibid., p.81.

anexar à coroa francesa o ducado de Milão ou o reino de Nápoles. Em vez disso, era necessário expulsar os espanhóis e dar esse domínio aos príncipes italianos, de maneira que criassem interesses antiespanhóis. Richelieu não acreditava que a situação militar francesa fosse grave em relação à Espanha, nem no que dizia respeito aos Pirineus — porque essa fronteira, por suas condições geográficas, era facilmente defensável —, nem da parte de Flandres — porque, do lado dos Países Baixos espanhóis, o exército das Províncias Unidas engajou o exército de Spinola, e também a França pagava o exército de Mansfeld: forças que poderiam ser chamadas a cooperar no caso de um ataque espanhol a Flandres.

Richelieu acredita ser desaconselhável, no entanto, dar prosseguimento a essa estratégia de política externa: e isso essencialmente por razões internas. De fato, ele continua:

> Mas devemos considerar que as rebeliões são tão comuns na França que se deve temer que, enquanto pensamos em humilhar os outros, podemos receber mais mal dentro de nossa casa do que poderíamos fazê-lo aos nossos inimigos. Essas rebeliões não podem vir apenas dos grandes do reino descontentes ou dos huguenotes. Dos grandes no momento não há nada a temer, tanto por causa de sua impotência quanto porque, mesmo que haja muitos deles que desejam alguma agitação para conduzir melhor seus negócios durante esses distúrbios, no momento não há ninguém que queira assumir a responsabilidade de começar uma revolta, porque todos agora sabem que o tempo favorável para essas ações passou. Quanto aos huguenotes, eles estão tão acostumados a conduzir seus negócios à custa do Estado e aproveitar-se quando nos veem ocupados contra aqueles que são

nossos inimigos declarados, que devemos temer que eles façam o mesmo nesta ocasião. Suas tomadas de armas e perguntas insolentes nos impedem de duvidar disso.[4]

É precisamente o problema huguenote que leva Richelieu a acreditar que, no momento, a situação deve ser consolidada no interior do país. "Portanto, acredito", ele escreve, "que não há quem não pense ser necessário garantir a paz dentro do Estado ou dá-la a seus inimigos externos, tendo certeza de que toda pessoa de bom juízo confessará que é demais ter dois negócios juntos, quando um só deles é capaz de lidar inteiramente com isso." Ele tende a dar preferência aos problemas da política interna: "Enquanto os huguenotes tiverem um pé na França, o rei nunca será um líder dentro do reino, nem jamais empreenderá nenhuma ação gloriosa no exterior".[5]

Portanto, desde 1625, Richelieu pensa em um definitivo acerto de contas com os huguenotes. Mas para fazer as pazes não basta querer: o acordo com a Espanha deve ocorrer em condições que não sejam muito onerosas para o reino; e aqui as coisas parecem difíceis. Obviamente, se Richelieu mudasse de política, fizesse as pazes com a Espanha e atacasse os protestantes, teria tido o apoio do partido "devoto". Mas sob quais condições seria possível aceitar uma regulação momentânea das disputas com a Espanha? "A dificuldade", continua a memória citada, "é fazer as pazes com a Espanha de modo que esta seja certa, honrada e [tal] que todos os nossos aliados possam ter as vantagens que razoavelmente queiram, porque, do contrário,

---

4 Ibid., p.82.
5 Ibid., p.83.

por mais que possa ser justificado por argumentos ilusórios, seria muito prejudicial." Uma paz em condições desfavoráveis, de fato, significava abandonar os aliados e, em particular, os italianos, então empenhados em Valtellina e na expedição contra Gênova realizada pelo duque de Saboia.

"É certo que, quando depusermos nossas armas, se o estabelecimento da paz não for seguro, teremos muita dificuldade para induzir nossos aliados a tomá-las de volta; sendo dos Estados como dos homens, que têm um certo ânimo além do qual não se pode esperar deles o que, no momento, não poderia ter sido evitado" (aqui Richelieu faz uma de suas costumeiras comparações com eventos naturais, que significa fazer política em termos racionalistas; expressão típica da *razão de Estado*. Maquiavel é quem inaugura esse sistema considerando a política dominada por leis naturais, e é precisamente em Maquiavel que encontramos o recurso a termos e semelhanças de caráter naturalista. Richelieu, portanto, adotava uma forma de pensamento que fazia parte da literatura política da época).

A questão é, portanto, fazer as pazes em Valtellina, em Gênova e, se possível, no Palatinado, para que cada um tenha sua vantagem e permaneçamos mais do que antes ligados aos nossos aliados. Devemos, portanto, ver em breve o resultado das negociações propostas sobre esses problemas para que, se não tiverem êxito, sua Majestade agrade os huguenotes dentro do reino; e prepare-se fortemente para a guerra contra os espanhóis.[6]

---

6 Ibid., p.84.

Como é evidente, o cardeal se orientou em favor de uma paz com a Espanha que podia parecer aprazível para o partido "devoto": mas ele não queria a paz a qualquer custo. Daí o primeiro esboço de sua contraposição ao partido "devoto" e também seu primeiro afastamento de Maria de Médici, que era considerada sua chefe. Pela primeira vez, Richelieu aparece não como o homem da rainha-mãe, mas como um homem politicamente autônomo.

XIV
Richelieu ainda falha, mas não desiste

Não querendo fazer as pazes com a Espanha por um preço muito elevado, e não podendo impor sua política pessoal, Richelieu pediu ao rei para convocar em Fontainebleau uma reunião do Conselho com a intervenção da rainha-mãe. Diante do Conselho, ele defendeu uma paz que não fosse uma rendição no confronto com a Espanha, argumentando contra os círculos que estavam ao seu redor e acusando o partido "devoto" de pressionar o rei em sentido desfavorável à sua política. Isso provocou um primeiro desacordo entre Richelieu e a rainha-mãe, mesmo que viesse mais tarde a ser contornado, pois o Conselho aparentemente se desfez, dando razão à política de Richelieu. Para ver em que condições o cardeal estava disposto a aceitar a paz, pode ser útil um memorial enviado ao rei no dia 3 de setembro de 1625.[1]

---

[1] A memória se encontra em *Lettres, instructions diplomatiques et papiers d'État du Cardinal de Richelieu*, v.II (1856), p.119-23. Trechos traduzidos por Romeo.

> Vendo que aqueles que aconselham monsenhor, o legado, não contentes por tê-lo induzido a recusar à vossa Majestade coisas justas que eles mesmos inicialmente propuseram e mantiveram, agora difundem o máximo que podem que depende apenas de Vossa Majestade e de vosso conselho que o cristianismo não esteja em paz e não desfrute de um descanso perfeito, então considero apropriado, para tornar o contrário mais facilmente conhecido, que Vossa Majestade se sirva, nesta ocasião, da mesma precaução da qual vossos antecessores e a rainha vossa mãe, durante vossa minoridade, costumavam se servir em assuntos de tanta importância. A qual [precaução], senhor, é reunir um conselho extraordinário dos ilustres de vosso reino, que estão junto à vossa pessoa, para fazê-las entender as dificuldades enfrentadas e tirar deles conselhos antes de tomar vossa decisão. Às vezes eu tomei a liberdade de dizer a Vossa Majestade, quando me encontrava apenas convosco e se apresentavam negócios superiores aos normais, que vos implorava para não vos apoiar apenas em minha opinião, mas para aconselhar-vos, antes de resolver, também com outras pessoas que, como eu, têm a honra de servir-vos nos negócios.[2]

Parece que Richelieu quer rejeitar uma posição específica em relação ao rei.

Continua ele:

> Acredito que se Vossa Majestade decidir reunir essa assembleia, tereis quatro vantagens importantes [...]. A primeira será evitar as calúnias indicadas acima [isto é, a calúnia de que a paz depende apenas da vontade do governo]; a segunda, de ganhar

---

2 Ibid., p.119-20.

tempo com monsenhor, o legado, a quem se fará entender que podeis dar uma resposta definitiva às propostas dele somente depois de realizardes esta assembleia [...]; a terceira é que as grandes companhias do reino, conhecendo as justas razões de Vossa Majestade, induzirão mais prontamente alguém a servir-vos com suas pessoas [os nobres], os outros fornecendo os meios extraordinários [financeiros] dos quais precisareis nessa ocasião; a quarta, que dessa forma o clero também pode ser induzido a participar dos custos da guerra ou pelo menos se obterá a vantagem de que, se o clero não chegar a dar dinheiro, condenará as reivindicações e provisões daqueles que aconselham monsenhor, o legado, [...] e isso remediará os maus rumores que algumas pessoas muito conhecidas espalham todos os dias, isto é, que Vossa Majestade e vosso conselho protegem abertamente os hereges.[3]

Portanto, chegara-se ao ponto de que, alguns meses depois da chegada de Richelieu ao poder, o partido "devoto" o considerasse representante de uma tendência favorável aos hereges. Chegar-se-á a definir Richelieu como "Cardeal de La Rochelle", uma acusação feita depois do acordo que ele celebrou com os protestantes em fevereiro de 1626.

Deve-se ter em mente que o partido "devoto" não era apenas forte no topo do governo, mas também em seus vários órgãos. Muitos funcionários importantes seguiam essa tendência; entre eles havia o embaixador de Madri Carlos d'Angennes de Rochefort, conde Du Fargis, que em 1º de janeiro de 1626 concluiu um tratado com a Espanha que suscitou uma violenta reação da parte de Richelieu e do próprio rei aconselhado por

---

3 Ibid., p.121-2.

ele. O tratado dizia respeito principalmente aos assuntos de Valtellina e aos negócios italianos, e era projetado de tal maneira que substancialmente as tropas francesas renunciavam às vantagens obtidas com a expedição e devolviam as fortalezas de Valtellina para as tropas pontificais, com a ressalva de que mais cedo ou mais tarde essas fortalezas deveriam ser demolidas. Certas cláusulas do tratado representavam uma substancial renúncia do Cantão dos Grisões à soberania de Valtellina e, portanto, uma grande decepção para um dos aliados da França. Além disso, também se decepcionaram o duque de Saboia e a República de Veneza, que se sentiram abandonados e viram desabar a rede das alianças antiespanholas estabelecida por eles.

Tão grave foi a reação a esse sucesso (que significava em certa medida o fracasso das esperanças concebidas pelos "bons franceses" com a chegada de Richelieu ao poder, como a ação em Valtellina parecia retomar a política francesa de custódia das passagens alpinas cuja tendência era dividir os dois ramos dos domínios dos Habsburgo) que Richelieu escreveu a Du Fargis uma carta e pediu ao rei que escrevesse outra, com a ameaça de não ratificação do tratado se não fossem feitas mudanças. A carta do rei, preparada por Richelieu, diz:

> Monsieur du Fargis, vi e considerei muito atentamente vosso despacho do dia 7 deste mês [janeiro] com as letras criptografadas das quais ele era acompanhado; e fiquei muito surpreso ao ver que fizestes, estabelecestes e assinastes um tratado sem ter nenhum poder de minha parte e sem ter me dado aviso prévio; portanto, não posso de forma alguma reconhecer tal tratado, uma vez que foi feito sem minha ordem. No entanto, desejando sempre testemunhar minhas boas e sinceras intenções pela paz

pública, eu quis examinar cuidadosamente os artigos que assinastes e as considerações feitas sobre eles, e achei preferível [em vez de romper completamente essa negociação com o conde de Olivares] acomodar os referidos artigos nos termos que achei mais toleráveis; sem todavia alterar qualquer coisa relacionada aos interesses e à reputação do rei da Espanha, meu cunhado, que pesei neste negócio tanto quanto a minha.

O rei continua ordenando que o conde Du Fargis fosse ao rei da Espanha e propusesse mudanças no tratado: "desejando", acrescenta, "que ao mesmo tempo que vos encontrares com o dito conde de Olivares, possais informar o núncio e os embaixadores de meus aliados, a quem fareis entender que fizestes, concluístes e assinastes este tratado sem atribuição e a critério de vossa própria cabeça".[4]

A carta de Richelieu destaca o mesmo assunto em termos ainda mais explícitos: "não há necessidade de testemunhares o desprazer que o rei teve pela iniciativa que tomastes sem ordem e sem autorização; a carta de Sua Majestade o mostrará o suficiente, e me compadeço do desastre ao qual vosso zelo o levou". As mudanças que o rei desejava teriam de ser feitas. "Vou dizer-vos em particular que, se puderdes obter dos espanhóis a garantia de que as penalidades previstas no tratado para possíveis contravenções por parte dos Grisões não vão até a privação da soberania, saireis glorioso deste acordo, e com tanta satisfação do rei que terei prazer em procurar testemunhos a vosso favor".[5]

---

4 Ibid., p.188.
5 Ibid., p.189-90.

De fato, o tratado estipulava que, se os Grisões violassem as estipulações nele contidas, perderiam a soberania sobre Valtellina. Condição muito grave do ponto de vista do direito internacional, porque colocava os Grisões em uma situação de grande desvantagem, ameaçados de perder sua soberania com base em pequenas contravenções, isto é, em novos maus-tratos contra os católicos de Valtellina. "Realmente", ele acrescenta, "seria suficiente que o tratado significasse que eles [os Grisões] serão privados do direito de confirmar os juízes e magistrados designados pelos valtellinenses, e da soma que devem receber pelo artigo nono como recompensa pelo poder que o tratado atribui aos valtellinenses para nomear tais juízes; e também que eles estarão sujeitos às penalidades que os dois reis decidirem juntos."[6] Em suma, a punição para os Grisões, em caso de violação ao tratado, não devia ser estabelecida automaticamente pelo tratado em si, mas acordada de tempos em tempos entre os reis da Espanha e da França.

Isso levou a uma reformulação do tratado, que foi assinado em 5 de março de 1626 em Monzón. Nessa reelaboração, alguns pedidos formais de Richelieu foram atendidos, mas permanecia o fato fundamental de que os Grisões perdiam a soberania efetiva sobre Valtellina, e que a França renunciava à custódia das passagens, que foi confiada às tropas papais, aguardando uma demolição hipotética dos fortes.

O Tratado de Monzón foi considerado a mais bela vitória diplomática de Olivares; e não há dúvida de que foi uma grande derrota para Richelieu, assinalando uma retirada substancial

---

6 Ibid., p.190-1.

da França da política italiana, que durará até 1629. Esse revés se encaixa na imagem de pouca coerência das diretrizes que se deve reconhecer na política do cardeal até 1629.

Enquanto essa retirada da Itália estava ocorrendo, Richelieu deveria se preocupar com duas coisas: 1) o andamento dos negócios alemães, por causa dos quais o acordo com o rei da Espanha certamente não punha fim à guerra; 2) a reação dos aliados italianos, que se sentiram abandonados depois dessa paz em separado. Repetiu-se, em essência, aquilo que acontecera com a morte de Henrique IV.

Em fevereiro de 1626, enquanto as negociações para o Tratado de Monzón se concluíam, Richelieu apresenta um de seus "avisos" ao rei. Esses documentos são bastante numerosos dentre seus papéis, até 1630, e eram usados para resumir de tempos em tempos sua opinião em todos os negócios ou em questões individuais de particular importância. Eles permitem reconstruir rapidamente a política de Richelieu, mesmo que nem sempre deem garantias suficientes da verdade, porque também as cartas para o conde Du Fargis da parte do rei ou do próprio Richelieu, citadas anteriormente, justificam as dúvidas sobre a confiabilidade das linhas políticas que derivamos da própria correspondência do cardeal: isto é, desse conjunto de documentos, sobre cuja autenticidade não pesam as mesmas dúvidas encontradas ao lermos suas *Memórias* ou o *Testamento político*. É possível que um embaixador concluísse um tratado sem ser autorizado e sem sequer ter previamente notificado o rei? E, uma vez que o embaixador tenha agido dessa maneira, é possível que Richelieu – ou seja, o homem que no mesmo ano mandará decapitar o conde de Chalais e enfrentará uma conspiração em que a própria rainha reinante está envolvida – se limitasse a uma repreensão oral? Muitos tiveram a impressão de que essas cartas foram forjadas para salvar, aos olhos das "boas pessoas" francesas, a reputação de Richelieu, que agora havia sido induzido a aceitar, da parte da Espanha, aquelas condições pelas quais ele inicialmente criticara o partido "devoto". De fato, podemos supor que agora, sob a pressão da gravíssima situação interna, Richelieu tivesse aceitado o tratado, e que suas reprovações a Du Fargis fossem feitas apenas para fins de política interna. Se houvesse um parlamento, teriam sido documentos escritos pelo ministro para se justificar diante da representação nacional. Mas, mesmo sem um Parlamento, havia uma opinião pública. E o conjunto de circunstâncias nos leva a acreditar que, na realidade, tenha sido o próprio Richelieu que promoveu o tratado.

Voltando aos avisos do cardeal, vamos examinar aquele que data de fevereiro de 1626. Antes de tudo, Richelieu acredita que é necessário pesar gravemente as infrações de que as Províncias Unidas foram culpadas, reclamando os navios que haviam sido enviados para lutar contra a flotilha que Soubise assumira. Então passa à política da Alemanha: "Quanto ao grande plano que os ingleses têm para a Alemanha, o rei pode colaborar justificadamente com todos aqueles que querem obter a liberdade do Império sem necessidade de aderir abertamente à Liga dos holandeses criada para esse fim".[7] Em outras palavras, o rei deve tomar o partido dos oponentes do imperador, isto é, ficar do lado daqueles que defendem as liberdades alemãs, mas sem ir diretamente para a guerra, já que, enquanto

---

7 Ibid., p.198.

Richelieu quiser a paz com a Espanha, não pode pensar em uma intervenção na guerra alemã.

Além de tudo, é necessário fazer isso porque, na ausência de sua ajuda [do rei da França], está garantida a perda da Alemanha, e se a Espanha se tornasse líder ali, teria avançado muito em seus planos de monarquia universal. Para fazer acontecer esse plano anti-habsburgo, é preciso atacar as forças inimigas dos dois lados, uma do lado do norte, com um poderoso exército composto pelas forças da Dinamarca, da Suécia, de Brandemburgo e de outros príncipes associados e vizinhos; a outra do lado de cá, com as forças da França, da Inglaterra e da Holanda e de todos aqueles que quiserem tomar parte nessa causa comum. Esses dois exércitos devem agir coordenadamente, com um plano comum e com a certeza de uma feliz execução das coisas acordadas. Cada um deles será composto de 25 mil homens a pé e 3 mil a cavalo. Os da Dinamarca serão mantidos pelos reis da Dinamarca e da Suécia, de Brandemburgo, das Províncias Unidas e da contribuição inglesa, o outro exército será mantido à custa da França, da Inglaterra e da Holanda. A França pagará 10 mil homens a pé e 1,3 mil a cavalo, a Inglaterra outro tanto, a Holanda, 5 mil homens a pé e 400 a cavalo. Veneza e Saboia contribuirão com outras despesas e com outras tropas.[8]

Os ingleses devem contribuir mais do que a França, pois estão mais interessados e envolvidos na causa do eleitor palatino. Ao fazer essa política de luta anti-habsburga, "uma das coi-

---

8 Ibid., p.198-200.

sas que precisamos procurar acima de tudo é remover a suspeita dos príncipes católicos de que procurar a *'liberté de la Allemagne'* não significa que se deseja restaurar a heresia, visto que esse medo até agora impedira os príncipes católicos de juntar-se a esse plano, ao passo que, caso se possa removê-lo em pouco tempo, será possível ganhar alguns eleitores católicos, eclesiásticos e seculares. O que parece necessário para esse fim é não mudar em nada a religião que será estabelecida ali". Richelieu tem a esperança de uma solução pacífica na Alemanha:

> Se se puder levar os ingleses a adquirir um certo entendimento com o duque da Baviera, com quem é recíproca a satisfação com a questão do eleitorado, sem dúvida nosso projeto terá sucesso, sendo certo que o duque da Baviera também cooperaria. Deve-se também remover a suspeita que os alemães possam ter de que, perseguindo os espanhóis, não se deseja introduzir outra dominação, que seria igualmente temível para eles. Por conseguinte, será necessário declarar abertamente que a liberdade em relação ao Império, para a qual se tomam as armas, consiste em remeter todas as coisas ao Estado em que devem estar, sem que algum estrangeiro possa tomar parte delas [...]. E se o Tratado de Espanha for rearranjado [isto é, se as alterações *supra* forem obtidas, relacionadas ao Tratado de Monzón], será difícil satisfazer o duque de Saboia. No entanto, podem-se encontrar os meios, e os únicos que vejo são: dar-lhe uma compensação em qualquer grande projeto na Alemanha, com o qual, no entanto, a meu ver, ele não se contentará, ou dar a ele oportunidade de renovar seus projetos em Gênova, cujo sucesso, porém, talvez não fosse desejado; ou de prometer a ele trabalhar em Roma para fazê-lo mudar de qualidade [isto é, para conferir-lhe dignidade real], coisa que

ele achará tão difícil que não vejo muito perigo em que ele se empenhe e faça qualquer movimento nesse sentido.[9]

Se considerarmos em conjunto essa primeira fase da política de Richelieu, que vai de sua chegada ao poder (1624) até 1626, seu fracasso parece evidente: a política em Valtellina desembocara no revés do Tratado de Monzón, as relações com todos os seus aliados levavam a compromissos, e o próprio casamento inglês, considerado muito vantajoso por aproximar as duas maiores monarquias da Europa contra a Espanha, depois de seis meses via desaparecer as vantagens obtidas, e o duque de Buckingham mostrava que queria apoiar os protestantes rebeldes contra o rei da França. Todas as linhas políticas de intervenção, portanto, se revelaram um fracasso e tinham se traduzido em uma regressão nas questões internas.

As consequências serão percebidas na Alemanha já em 1626, quando a ação ineficaz da França fará o plano da grande Liga Nórdica se desmantelar, deixará o rei da Dinamarca praticamente sozinho contra o imperador e levará à sua derrota em Lutter e ao posterior avanço das tropas imperiais na Alemanha. Em 1627, Wallenstein ocupará Brandemburgo (apesar dos protestos do eleitor, que em vão mandará um embaixador a Viena e terá de se contentar em dizer a seus súditos para acolherem as tropas imperiais como amigos, uma vez que não havia outra solução) e enviará suas forças para as margens do Báltico, e dali controlará toda a costa, da Jutlândia à Prússia Oriental. Surgirá novamente a possibilidade de retomar o projeto que a corte espanhola havia planejado, o de uma iniciativa

---

9 Ibid., p.200-1.

austro-espanhola no Báltico, destinada a assegurar o controle do comércio das Províncias Unidas com os países bálticos para atingir a economia dos países rebeldes. Isso terá desdobramentos significativos quando o ducado de Mecklemburgo for conferido a Wallenstein, depondo um dos maiores príncipes do Império, fato que parecerá ser uma violação grave da constituição do Império e que provocará a reação de todos os príncipes, a começar pelos católicos, contra o poder excessivo alcançado pela dinastia dos Habsburgo na Alemanha.

Consequentemente, Richelieu escreve em outro documento endereçado ao rei: "Se Deus me der a graça de me fazer viver mais seis meses, como espero, ou algo mais, vou morrer feliz vendo o orgulho da Espanha abatido, vossos aliados preservados, os huguenotes domados, todas as facções dispersas e a paz estabelecida neste reino, uma união muito estreita em vossa casa real e vosso nome glorioso em todo o mundo";[10] quando ele escreve isso, o mínimo que se pode dizer é que ele tinha uma visão muito otimista da realidade. Realmente havia uma íntima união estabelecida na casa real, porque o cardeal tinha alcançado um sucesso significativo na luta contínua que mantinha no ambiente da corte contra seus adversários, ou seja, a descoberta da conspiração do conde de Chalais, chefiada pelo irmão do rei, Gastão de Orléans.

---

10 Ibid., p.225. O documento data de 24 de julho de 1626.

XV
Richelieu reorganiza a estrutura do Estado

Foi na luta contra as forças do particularismo que se opunham ao seu ideal de monarquia absoluta e centralizada que Richelieu começou a colecionar os primeiros sucessos na política doméstica. Tratava-se de acabar, por um lado, com o poder dos grandes fidalgos; e, por outro, com as autonomias de que o partido huguenote gozava por causa dos privilégios concedidos pelo édito de Nantes. Richelieu, contra o partido huguenote, teve seu sucesso mais conhecido na política doméstica, ou seja, o cerco e a submissão de La Rochelle; mas teve de enfrentar primeiro a conspiração centrada no irmão do rei, Gastão de Orléans, duque d'Anjou: a primeira (1625) das conspirações eclodidas pela nobreza contra ele que pontuam grande parte de seu período de governo e contra as quais ele lançou as bases para a consolidação do absolutismo francês.

Gastão de Orléans era o herdeiro do trono, já que até então Luís XIII e Ana da Áustria não haviam tido filhos; e essa sua posição o tornava o centro de reunião de todos os adversários do tipo de governo então prevalecente. Em 1625, uma disputa se desenvolveu em torno do casamento do duque de Orléans.

Havia um tempo se falava do casamento de Gastão com uma das herdeiras mais ricas do reino, mademoiselle de Bourbon-Montpensier, pertencente à família reinante; portanto um partido adequado para um príncipe de sangue. Tal casamento podia ter um significado político, porque, como os governantes não tinham filhos, o duque, casando-se, representava a única possibilidade de continuação da dinastia. Porém, muito mais perigosa era a hipótese que começou a tomar forma nos círculos da corte opostos ao casamento. De fato, a falta de filhos no casamento entre Luís XIII e Ana da Áustria havia aberto caminho para uma série de fofocas: por exemplo, que o rei fosse incapaz no casamento e que isso pudesse causar uma anulação. Em tal caso, podia-se até pensar em um sequestro do rei, em sua declaração de incapacidade de reinar, em um casamento de Ana da Áustria com Gastão, que se tornaria rei...

Esses projetos se tornaram o centro de uma conspiração, de uma intriga na corte em que estavam envolvidos os filhos ilegítimos de Henrique IV, como os dois Vendôme, a duquesa de Chevreuse e até, ao que parece, a própria Ana da Áustria, acusada de ter tido conhecimento dessas manobras e de ter dado ouvidos a elas através da duquesa, que era o elo entre a rainha e os conspiradores (os detalhes da conspiração são amplamente narrados no livro de Burckhardt).

Aqui estão os principais fatos: o duque d'Anjou tinha um preceptor na pessoa do coronel d'Ornano, que queria ser promovido a marechal da França e fazer Gastão ser admitido no Conselho quando completasse dezoito anos: aos olhos de Richelieu, a influência de d'Ornano parecia perigosa, e o rei o prendeu. Isso já indica que o rei tinha algumas suspeitas; mas a coisa se mostrou em toda a sua gravidade quando Richelieu recebeu a visita de um velho senhor, o senhor de Valençay, que, junto com o sobrinho, conde de Chalais, revelou-lhe uma conspiração contra a vida do próprio cardeal: durante um banquete, seria feita uma revolta e o conde de Chalais mataria Richelieu. O marquês era o mestre do guarda-roupa do rei; ele era, portanto, um gentil-homem da corte, mas usava o nome de Talleyrand-Périgord, um dos maiores da França, e era amante da duquesa de Chevreuse, e parece que a duquesa o atraíra para essa conspiração. Valençay, convencido de que era uma coisa muito perigosa e que a única maneira de livrar o neto era revelar tudo, foi se apresentar a Richelieu. Isso deu abertura para uma série de inquisições. Houve medidas muito sérias nos confrontos dos conspiradores, alguns dos quais foram presos (os Vendôme); o rei teve um embate violento com a rainha, que tentou negar; finalmente, a responsabilidade de Gastão apareceu em plena luz.

Gastão era um homem de pouco caráter, que durante sua vida não fez nada além de tramar conspirações cujos custos eram pagos por seus cúmplices, enquanto ele sempre conseguia fugir, porque ninguém imaginava executar um filho de Henrique IV. Nesse momento, ele se declarou pronto a se casar com mademoiselle de Montpensier, conseguiu uma grande pensão, e entre ele e o rei se fez um acordo de família, como era costume na época, no qual os irmãos se comprometiam a amar um ao outro e a continuar se amando no futuro, com a intervenção e a garantia da rainha-mãe. Feito isso, Gastão pensou no casamento, que foi celebrado por Richelieu, e não se importou mais com seus cúmplices.

Destes, o mais exposto foi Chalais, submetido a um processo. A princípio, ele tentou defender a duquesa de Chevreuse, recusando-se a revelar que sabia, através dela, da corresponsabilidade da rainha. Richelieu então o fez acreditar que a duquesa tinha outro amante e Chalais foi induzido a falar; assim que a duquesa, que se dirigiu ao cardeal para suplicar em favor de Chalais, foi convencida de que ele a denunciou, ela o considerou um traidor. Chalais foi condenado à morte. Seus amigos sequestraram o carrasco: mas, para substituí-lo, foi libertado um homem condenado à morte, não muito especialista na triste arte, pois teve de lhe dar 29 golpes antes de terminar.

Essa foi a primeira prova de como Luís XIII pretendia enfrentar a nobreza. Logo depois, outro exemplo foi dado, a propósito dos duelos, proibidos por Richelieu com uma série de ordenanças, mas tão difundidos que constituíam uma horrenda hemorragia da nobreza francesa. De fato, um conde de Bouteville, relacionado com Montmorency, já banido do reino por seu passado de duelista, voltou clandestinamente a Paris para duelar com o marquês de Beuvron. De acordo com o costume, as testemunhas brigaram; uma das testemunhas de Beuvron foi assassinada por uma testemunha de Bouteville, o conde Rosmadec des Chapelles. Foram feitas disposições muito rigorosas: os dois foram presos e condenados à decapitação. Isso causou uma enorme impressão na nobreza; algumas dentre as grandes damas do reino se comoveram e foram com a rainha pedir clemência ao rei; mas ele foi implacável.

Bouteville e Chapelles foram executados dando mostras da coragem e da dignidade características desse mundo nobre, que possuía ainda força moral, como o espírito cavalheiresco, a ousadia, a autêntica fé cristã: mas essa força ainda não era capaz de se orientar para um objetivo político. Richelieu, ao contrário, queria fazer dela uma força a serviço do Estado. Mas ele era um gentil-homem e o rei era o primeiro gentil-homem do reino: era ainda mais grave para eles seguirem nessa direção, indo contra os homens com quem compartilhavam os princípios, o modo de conceber a vida, o conceito de honra. Richelieu certamente não estava pensando em destruir esses princípios de vida sobre os quais se apoiava a nobreza. Ele não era um burguês, não era um partidário da igualdade, um precursor da Revolução Francesa: pensava que a nobreza deveria ter uma função específica no reino, mas tinha de tê-la dentro do Estado, não como um elemento subversivo e de oposição particularista.

Ele dera um passo importante em direção ao fortalecimento de seu poder ao conquistar a confiança absoluta do rei. Durante a conspiração de Chalais, ele oferecera sua demissão, e o rei respondera com uma carta em que as manifestações de confiança e afeto pessoal são tais que mostram como o cardeal havia estabelecido um relacionamento com o rei como nenhum outro dos ministros conseguira, e esse será o fundamento de sua força política.

Enquanto isso, vinha se perfilando a necessidade de uma série de reformas internas. Nos documentos de Richelieu, aparece sempre uma palavra que, segundo o cardeal, reflete a situação interna da França no momento em que assumiu o poder: dominava, diz ele, um *"dérèglement"*. Richelieu queria, em vez disso, instituir um "regulamento" geral do reino. Ele era, não nos esqueçamos, um racionalista, um contemporâneo de Descartes. Deu início, em 1625, a um plano de reforma das estruturas constitucionais e administrativas do Estado[1] cujos pontos principais são os seguintes:

---

[1] *Lettres, instructions diplomatiques et papiers d'État du Cardinal de Richelieu*, v.II (1856), p.168 ss.

A) *Reforma política.* O rei deveria ser assistido por quatro conselhos: a) um Conselho Supremo, composto por quatro altos eclesiásticos e dois leigos, para questões de consciência do rei e nomeações em prelaturas e benefícios; b) um Conselho militar e judiciário, composto por marechais da França, outros altos oficiais e altos magistrados, para assuntos militares e causas mais importantes, e em particular para aquelas que não podiam ser resolvidas com base nas ordenanças do reino. De acordo com Richelieu, o Conselho do Rei não deveria perturbar o curso normal da justiça, mas apenas intervir em assuntos não regulamentados por ordenanças emitidas anteriormente, onde havia o que hoje seria chamado de "lacuna na lei"; c) um Conselho de Finanças para lidar com "tudo que diz respeito à coleta, distribuição e administração de nossas finanças e do dinheiro público"; d) um Conselho de Estado, que decidirá "o que consideramos mais útil para o bem de nosso Estado".[2]

B) *Reforma religiosa e moral.* Envolvia: a) a aceitação do Concílio de Trento na França, sujeito às liberdades gaulesas; b) um seminário estabelecido em cada diocese com a contribuição das abadias; maior autoridade dada aos bispos sobre os curas, a fim de que apenas indivíduos capazes fossem designados para esse último cargo; c) penalidades severas contra ateus e blasfemadores; d) repressão dos duelos; e) pena de morte contra aqueles que tentavam anular seu casamento por falsos motivos de parentela ou outros.

---

2 Ibid., p.170.

C) *Reforma administrativa*. Previa: a) a diminuição do número de cargos na casa do rei; b) a supressão dos pagamentos *au comptant* (pagamentos feitos pela tesouraria com base em notas do rei, que poderia ordenar o pagamento de qualquer quantia do balanço patrimonial, o que levava à impossibilidade de estabelecer um orçamento preventivo); c) a abolição da venalidade dos ofícios, justificada da seguinte maneira: "a venalidade dos ofícios retira a recompensa à virtude e, a nós [o rei], os meios de recompensar, escolher e empregar aqueles de nossos súditos que prestaram os maiores serviços e são os mais capazes de fazê-los".[3]

Richelieu acreditava que, assim, todos os vícios do sistema vigente seriam destruídos. Juntamente com essas reformas, ele propunha outras de natureza econômica, que discutiremos no próximo capítulo. Se tivesse sucesso, toda a política do cardeal teria um caráter lógico e coordenado. À hesitação em política externa (viu-se que, depois de Monzón, a França tentava não se comprometer demais no exterior) teria correspondido internamente a luta contra as forças do particularismo, o desenvolvimento da atividade econômica, a "regulamentação" do reino, o aumento da prosperidade econômica. O aumento de riqueza nacional teria então dado ao cardeal a oportunidade de novas iniciativas de política externa e também de intervenções militares nos assuntos europeus apoiadas por recursos mais amplos. Mas essa sucessão ordenada de tarefas não foi implementada, e talvez Richelieu não tenha nem mesmo tentado: são cons-

---

[3] Ibid., p.177.

truções *a posteriori*, com as quais se tenta dar uma ordem lógica a uma política que na verdade se afirma dia a dia em face de circunstâncias em constante mudança.

Isso também se aplica à mudança que marcou a política de Richelieu por volta de 1627 com relação à linha seguida nos dois primeiros anos de governo: em sua atitude de política externa, o relaxamento de todas as alianças protestantes e, dentro do reino, o abandono da política de aproximação ao partido dos "bons franceses" e o retorno ao partido "devoto". O episódio mais clamoroso do afastamento do cardeal dos "bons franceses" foi a prisão do famoso panfletista Fancan, que havia apoiado Richelieu em anos anteriores, mas que de repente foi trancado na bastilha. De acordo com a historiografia protestante, esse fato indica que, quando Richelieu decidiu se manifestar contra La Rochelle, não foi um plano espontâneo de suprimir esse tipo de Estado no Estado que eram os huguenotes, mas foi levado nesse sentido pela pressão do partido "devoto". Uma confirmação disso pode ser vista no aprofundamento das relações entre Richelieu e Bérulle, na crescente influência do padre José e no tratado de aliança entre a França e a Espanha, com o qual a França parece se inserir na coalizão dos poderes católicos contra os protestantes: um objetivo que parece se fortalecer com o ataque desferido contra os huguenotes com o cerco de La Rochelle.

XVI
A nova política marítima e La Rochelle

Na assembleia dos notáveis, que incluía a rainha-mãe, os príncipes de sangue, os cardeais, alguns grandes fidalgos, ministros e membros das cortes soberanas, reunida pelo rei em Paris no final de 1626 para discutir uma reforma geral do reino, Richelieu teve o apoio de Marillac em seu projeto de renovação marítima da França, do qual há vestígios em uma memória anterior do cardeal. Tratava-se de levar o reino ao nível dos grandes países comerciais, como a Inglaterra e a Holanda, e de reativar simultaneamente a navegação francesa em nível comercial e militar. Para fazer isso, Richelieu foi nomeado *grão-mestre de navegação* em todo o reino, consequentemente suprimindo — não mais conferindo, mas fazendo-os comprar da coroa — dois dos principais cargos feudais: o de *grande almirante de Ponente* ou da França (controlava a bretanha e a região do canal da Mancha, e era dado hereditariamente ao duque de Vendôme, aparentado pelo lado materno com os antigos duques da Bretanha) e o de *grande almirante do Levante* ou de Provença (relativa ao Mediterrâneo: era dado ao governador de Languedoc, que era um Montmorency). Também se aboliu o cargo de condestável da França, e o comando do exército foi assumido pelo rei.

Ao mesmo tempo, fundava-se uma política mercantilista, na tentativa de desenvolver internamente toda a produção nacional e reduzir a dependência a países estrangeiros. Era uma opinião generalizada, então, que a riqueza e a variedade de sua agricultura pudessem permitir à França, se ela seguisse uma política econômica prudente, prescindir de quase todas as importações do exterior, enquanto vários países teriam de permanecer compradores da França (por exemplo, de seus vinhos). Os objetivos perseguidos por Richelieu eram os clássicos do mercantilismo: direitos de importação e incentivo às exportações, fundação de grandes empresas comerciais privilegiadas para o tráfego no exterior e colonização, concessão de privilégios para os fabricantes nacionais que parecessem de maior interesse para as finalidades de independência econômica do país. Em suma, quase todas as medidas que se abrigam sob o nome de "colbertismo". Se não se pode dizer que essa política tenha tido em Richelieu seu primeiro apoiador em termos absolutos (pois traços dela já eram amplamente visíveis na política de Henrique IV e de Sully), é possível dizer que, com o cardeal, ela já está totalmente desenvolvida em um sistema orgânico.

Esses projetos marítimos, no entanto, deviam impactar as classes marítimas e mercantis de alguns grandes portos do reino, que por isso estavam temerosas das concessões que se faziam às grandes empresas privilegiadas pelo rei, e resistências desse tipo devem ter ajudado a endurecer a posição das classes burguesas e mercantis de La Rochelle, que, por sua antiga tradição de autonomia, pelas lembranças da feroz resistência de 1573, pela riqueza e o poder de suas classes marítimas, lembravam a muitos as repúblicas citadinas mercantis da Holanda protestante: mesmo que não restem dúvidas de que a razão essencial do conflito que em breve se desenrolará deve ser buscada na questão religiosa.

Por outro lado, a política marítima de Richelieu deve ter contribuído da mesma forma para despertar a preocupação da Inglaterra. De fato, as instruções dadas a Buckingham no momento de sua partida para La Rochelle enfatizavam que o objetivo de seus inimigos "era privá-la de soberania nesses mares para os quais os reinos da Grã-Bretanha deram seu nome, e dos quais esses ancestrais desfrutaram desde tempos imemoriais"; e acusavam o rei da França de querer "estender sua monarquia sobre o oceano". No entanto, seria errôneo tentar explicar politicamente o conflito subestimando as razões de hostilidade que levaram Buckingham a se voltar contra Richelieu por sua posição assumida contra os planos amorosos do duque em relação a Ana da Áustria. E deve-se notar a contradição singular da política de Buckingham: pessoalmente ligado, com toda a sua fortuna, à causa do absolutismo real perseguido pelos Stuart, deveria ter exigido uma política de acordo com as grandes monarquias católicas da Espanha e da França, principais representantes do absolutismo no plano internacional. Em vez disso, ele acabava fazendo, com sua guerra contra Richelieu, uma política de orientação confessional e, ao mesmo tempo, de proteção dos interesses nacionais, isto é, a política dos puritanos, que eram seus mais ávidos adversários: sem que isso contribuísse para reduzir de alguma forma a hostilidade das classes populares contra ele.

Richelieu esperou muito tempo pelo ataque inglês, prenunciado pelas notícias acerca dos preparativos da frota em Portsmouth. Finalmente, em 21 de julho de 1627, a frota britânica, sob o comando do próprio Buckingham, apareceu em frente à ilha de Ré, na região de La Rochelle, defendida por uma pequena guarnição sob o comando do marechal de campo (não se deve confundir com o mais alto escalão, o marechal da França) Toiras, e apoiada pela fortaleza sólida de Saint-Martin e pela menor de Prée. A tentativa de Toiras de conter o desembarque falhou e, depois de sofrer perdas sensíveis, ele teve de se recolher em Saint-Martin. Ali foi assediado pelos ingleses, os quais, para aumentar as dificuldades alimentares dos defensores, também forçaram as mulheres e crianças da ilha a se refugiarem. No entanto, em 7 de outubro, uma flotilha carregada de víveres foi bem-sucedida no propósito de resgatar os defensores. Os ingleses, também atormentados por doenças e pelo avanço da má estação, tentam um ataque geral ao forte que terminou com um fracasso, e no dia seguinte o marechal Schomberg, que desembarcara na ilha à frente de numeroso reforço, pôde forçá-los a um reembarque desastroso. Buckingham, vencido, voltou para a Inglaterra, onde apenas a firme amizade do rei poderia defendê-lo de sua crescente impopularidade, agravada pelo fracasso.

Os habitantes de La Rochelle permaneceram indecisos a princípio, e apenas por causa da influência da antiga duquesa de Rohan (cujo filho, enquanto isso, viajava pelas regiões protestantes incitando revoltas) decidiram receber emissários da frota inglesa. Entre os protestantes, o desejo de revolta não foi de forma alguma unânime e mesmo em La Rochelle, quando prevaleceu a proposta de aceitar a proteção do rei da Inglaterra, os habitantes reconfirmaram no ato em si sua lealdade ao rei da França. Enquanto isso, um exército real vinha se formando em torno dos muros, mas por algum tempo não havia sinal de hostilidade de nenhum dos dois lados. Uma tentativa, no entanto, de retomar os trabalhos em Fort-Louis (símbolo, aos olhos dos citadinos, da ameaça à fortaleza calvinista) provocou a abertura do fogo por parte dos protestantes e o início das operações ativas de cerco (10 de setembro de 1627).

Richelieu e depois o próprio Luís XIII chegaram ao campo sitiado. Como o assalto não era possível, o bloqueio foi praticado; e, para torná-lo mais acirrado, foi construída do outro lado da baía uma represa de grandes materiais, ladeada por carcaças cheias de pedras e cal afundadas no local, e interrompida apenas no centro por uma passagem estreita para permitir o movimento das marés. Logo as condições alimentares na cidade ficaram desesperadoras: mas a vontade de resistir era animada pela escolha de Jean Guiton como burgomestre. Só havia uma esperança, o resgate britânico: mas uma frota sob as ordens do almirante Denbigh, que apareceu no mar, se retirou sem se comprometer. Uma nova frota foi montada por Buckingham, mas ele foi assassinado por Felton na véspera da partida; e quando a frota saiu, sob as ordens de Lindsey, as operações foram reduzidas também dessa vez a uma eficácia negligenciável pelas condições disciplinares dominantes na frota, até mesmo entre os capitães do navio, entre os quais serpenteava agora o fermento da rebelião puritana. Depois de ser levada até o limite, a resistência de La Rochelle – que de 28 mil habitantes caiu para 5 mil no final do cerco – terminou em novembro de 1628. Foi um duro golpe para o protestantismo francês: mas Richelieu adotou condições moderadas de rendição, permitindo o livre exercício do culto calvinista. No entanto, as grandes fortificações foram demolidas, a autonomia citadina suprimida e La Rochelle parou de figurar entre os grandes centros marítimos da França.

XVII
A política das "portas"

Durante o longo cerco, com duração de mais de um ano, que havia empenhado as forças do rei da França em torno de La Rochelle, a situação europeia continuava a evoluir. De fato, em função da luta que ocorreu em torno da cidade huguenote, Buckingham tentara criar dificuldades e constrangimentos para a França, em suas fronteiras. Enviados ingleses haviam tentado se concentrar na tradicional amizade anglo-veneziana: mas a República permaneceu ligada à aliança francesa, única garantia que havia na Itália contra a preponderância espanhola. O duque de Saboia tinha uma opinião mais favorável às sugestões inglesas, e já ventilava planos de invasão do Delfinado, renovando as antigas ambições sobre Genebra: mas essas ambições enfraqueciam a aliança inglesa, e Buckingham não podia permitir uma expedição contra a capital europeia do calvinismo justamente quando travava uma guerra contra a França sob a cor da religião. Também na Lorena, a diplomacia inglesa, apoiada pela incansável duquesa de Chevreuse, que se refugiara com o duque, conseguiu sucessos iniciais, frustrados no entanto pela reação francesa, que levou ao sequestro do enviado inglês,

Montagu, no território da Lorena. O Império, por sua vez, se tornara impotente pela luta em curso em suas fronteiras, e a Espanha, se por um lado demonstrava solidariedade contra La Rochelle (e também enviou uma frota sob o comando de Toledo, que, no entanto, não participou ativamente das operações), por outro lado fomentava convenientemente aquela rebelião que paralisava a monarquia rival com as dificuldades internas. Restava a Holanda, que defendia seu particularismo contra o universalismo dos Habsburgo e, portanto, estava vinculada à aliança francesa apesar do confronto religioso: mesmo que não faltassem, desde então, aqueles que viam o perigo de uma substituição da ameaça dos Habsburgo pela dos Bourbon.

Enquanto isso, a situação alemã estava se aproximando da grande virada de 1630. Antes, porém, de lidar com o problema alemão na política de Richelieu, deve-se lembrar a importância que assumiu, para a política francesa, no mesmo período da crise de La Rochelle, outra questão, que gravitava na Itália, ou seja: a sucessão de Mântua. Como se sabe, a morte de Vicente II Gonzaga-Nevers deixava a sucessão do ducado a Carlos de Gonzaga-Nevers (1627), um daqueles grandes nobres franceses que já encontramos várias vezes, particularmente ligado ao padre José. Mas logo surgiram contestações. Da parte espanhola, objetou-se que Mântua era um feudo imperial e que, portanto, a sucessão não era válida sem uma investidura que Fernando II se recusava a conceder; e observava-se que era admitida, para Monferrato, a sucessão na linha feminina, o que também permitia ao duque de Saboia fazer reivindicações em seu nome, de acordo com a Espanha. Entende-se a extensão do problema quando se pensa na importância estratégica que as duas grandes fortalezas de Mântua e Casale tinham para o controle dos milaneses e, portanto, da Itália setentrional. As tropas espanholas, portanto, cercaram Casale com o apoio de duque de Saboia, enquanto um exército imperial proveniente da Alemanha estava prestes a sitiar Mântua e, enquanto isso, atravessava Valtellina, que assim retornava ao controle dos Habsburgo.

A situação da França nesse contexto europeu é analisada por Richelieu em um documento, "Advis donné au Roy après la prise de la Rochelle pour le bien de ses affaires" [Conselhos ao rei depois da tomada de La Rochelle pelo bem de seus negócios] (13 de janeiro de 1629),[1] do qual convém ler algumas passagens principais:[2]

> Agora que La Rochelle foi tomada, se o rei quiser se tornar o mais poderoso monarca do mundo e o príncipe mais reputado, ele deve considerar diante de Deus, e examinar cuidadosa e secretamente, com seus fiéis conselheiros, o que se deseja em sua pessoa e o que deve ser reformulado em seu Estado.

---

1 O "Advis" está em *Lettres, instructions diplomatiques et papiers d'État du Cardinal de Richelieu*, v.III (1858), p.179-213.

2 Em uma cópia das apostilas de 1963-1964 conservada pela família Romeo, há algumas anotações de Rosario Romeo. À margem das p.186-8, lê-se a tradução em italiano do título do "Advis – parere dato al re dopo la presa della Rochelle per il bene dei suoi affari (13 gennaio 1629)", as referências bibliográficas da fonte original e alguns breves trechos traduzidos em italiano mas não inseridos na apostila. Tratava-se de trechos evidentemente importantes, já que foram depois inseridos por Romeo no segundo volume da antologia de *Documenti storici* organizada por ele com Giuseppe Talamo, nas p.75-7. Mesmo que depois Romeo não tenha repetido os acréscimos na reimpressão da apostila feita em 1976 pela Editora Elia, aqui se escolheu fazê-lo, evidenciando entre colchetes as inserções ao texto e apontando-as com notas de rodapé.

Em relação ao Estado, é necessário dividir seus interesses em dois ramos: o que diz respeito ao interior e o outro ao exterior.

No que diz respeito ao primeiro, antes de tudo é necessário desbaratar a rebelião da heresia, tomar Castres, Nîmes, Montauban e todas as outras praças do Languedoc, de Rouergue e da Guyenne. [...] é preciso arrasar todas as fortalezas que não são fronteiras, não controlam a passagem de rios ou não servem de freio às grandes cidades inquietas e turbulentas; e fortificar com perfeição as da fronteira e, particularmente, estabelecer uma praça-forte em Commercy, que deve ser conquistada, diminuir as insatisfações do povo, não renovar a *paulette* quando ela expirar daqui a um ano, reduzir e moderar as "companhias" que, em defesa de uma suposta soberania, constantemente se opõem ao bem do reino.

Certificar-se de que o rei seja absolutamente obedecido por seus súditos adultos e crianças, preencher os bispados com pessoas sábias e capazes, reconquistar a propriedade do reino e aumentar sua receita pela metade, o que pode ser feito sem recorrer a meios ilegais.

[Ainda haverá outras agitações a resolver, mas em um primeiro momento é suficiente remediar as principais.][3]

No que diz respeito ao exterior, deve-se ter o objetivo constante de frear o progresso da Espanha e, enquanto essa nação tem por objetivo aumentar seu domínio e ampliar os limites, a França deve pensar apenas em se fortalecer e aumentar suas próprias fortificações, e abrir caminhos para entrar em todos os seus Estados vizinhos, para poder defendê-los das imposições da Espanha, quando se apresentar a oportunidade.

---

3 Inserção do organizador.

Para isso, a primeira coisa a fazer é tornar-se poderoso no mar, que dá acesso a todos os Estados do mundo.

Além disso, é preciso pensar em fortalecer-se em Metz, e avançar até Estrasburgo, se possível, para adquirir uma entrada na Alemanha: o que deve ser feito sem pressa, com grande discrição e de maneira cautelosa e secreta.

É preciso fazer uma grande cidadela no Versoy, para ganhar peso aos olhos dos suíços, ter uma porta aberta e fazer de Genebra um dos baluartes externos da França.

Também é preciso pensar em conquistar, de Monsieur de Longueville, a senhoria de Neufchâtel, que, estando na Suíça, fornece um ponto de apoio adicional naquele país, e maior prestígio aos olhos dessas pessoas grosseiras, que veem apenas o que está próximo dos olhos; e não há pessoa sensível e carinhosa na França que não acredite que esses estrangeiros são aqueles com quem o rei precisa conservar a aliança cautelosamente: já que eles separam a Alemanha da Itália, e já que, fazendo profissão de guerra, não é sem importância conduzi-los a si mesmos e destacá-los de seus inimigos.

É preciso pensar no marquesado de Saluzzo, tanto para um acordo com o duque de Saboia — se sua mudança de humor o fizer voltar para o serviço do rei, dando-lhe algumas aquisições maiores na Itália — quanto para tirar proveito da inimizade que havia entre os súditos desse marquesado e o próprio duque de Saboia, com o objetivo de que ele se torne seu chefe novamente. Coisa que ele não será capaz de impedir quando se desejar realizá-lo com forças adequadas: como não será capaz de impedir que se mantenha essa aquisição, que, sendo contígua aos nossos Estados, será facilmente preservada, constituindo uma fortaleza grande e robusta no local considerado o mais adequado para esse fim.

[Para ter ainda mais condições de ser respeitado na Itália por sua própria força, é preciso manter ali trinta galés e mandá-las comandar por comissão, alterando a cada três anos a pessoa a quem serão confiadas, para que todos tenham a paixão de se dedicar à sua tarefa e não desertar nos portos para aproveitar ali sua permanência, com grande vergonha da França, como se fez até agora.]⁴

Pode-se pensar também em Navarra e no Franco-Condado, já que eles pertencem a nós, sendo contíguos à França, e fáceis de conquistar quando não tivermos outras empresas a nos lançar. Mas eu não falo sobre isso, pois seria imprudente pensar a esse respeito, se a princípio o que foi dito acima não tenha êxito, e porque também não se pode fazer isso sem iniciar uma guerra aberta com a Espanha, algo que deve ser evitado o máximo possível.⁵

Como podemos ver, nesse documento se delineia a política das "portas", que constituirá a linha fundamental da política expansionista do cardeal: visava, em vez de anexar territórios, controlar o acesso aos Estados vizinhos para poder contestar efetivamente a influência espanhola. Era uma política externa ligada, em sua concepção, à importância que o pensamento estratégico da época atribuía às grandes fortalezas que controlavam as principais rotas de comunicação; e ao mesmo tempo adequada para lançar as bases da substituição da hegemonia continental espanhola pela francesa que até então era o objetivo de Richelieu.

---

4 Inserção do organizador.
5 *Lettres, instructions diplomatiques et papiers...*, op. cit., v.III (1858), p.179-82.

Dois dias depois de Richelieu ter escrito esse documento, o rei deixava Paris pelo setor de guerra dos Alpes, acompanhado do cardeal. Carlos Emanuel I tentou impedir sua passagem por Susa, mas, depois de breve resistência, as tropas francesas abriram caminho e puderam reabastecer a fortaleza de Casale, da qual as tropas espanholas levantaram o cerco depois de um acordo de recíproca não agressão. O duque de Saboia entrou na órbita francesa reconhecendo, entre outras coisas, os desígnios do rei da França em relação ao futuro destino de Monferrato, favorável à sucessão do duque de Gonzaga-Nevers.

Posteriormente, o rei voltou ao país e empreendeu a tomada das cidades protestantes que ainda permaneciam livres, sob a liderança de Rohan. Este liderou uma feroz guerra "partigiana" travada nas regiões montanhosas das Cevenas, mas no fim teve de ceder. As tropas reais devastaram os arredores das cidades até levar os cidadãos a se render: então caíram Castres, Nîmes, a própria Montauban, que anos antes havia tenazmente resistido; aquelas que agora procuravam prolongar a luta, como Privas, foram saqueadas, com horrores dignos do que estava acontecendo na Alemanha durante a Guerra dos Trinta Anos. De uma das cidades reconquistadas, Alaïs, Luís XIII pôde emitir o édito de pacificação ou "édito da graça" (27 de junho de 1629).

O édito suprimia os privilégios militares concedidos às patentes incorporados ao édito de Nantes; ordenava a demolição de todas as fortificações; suprimia as assembleias políticas protestantes até então autorizadas. Mas concedia o perdão a todos os rebeldes, garantia sua liberdade de se estabelecer em qualquer lugar do reino (com algumas limitações, no entanto, para Ré, Oléron, La Rochelle e Privas, isto é, para as localidades que tinham visto as lutas mais violentas dos últimos anos), preservava as Câmaras dos éditos junto aos Parlamentos, assegurava o livre exercício do culto. Richelieu havia derrubado uma das limitações fundamentais que até agora haviam dificultado o absolutismo monarquista; mas seu faro político sugeria que ele, para ter sucesso, devia estabelecer limites que garantiriam uma coexistência pacífica do elemento calvinista com a maioria católica do reino.

XVIII
Richelieu busca a hegemonia na Europa

Os fatores de política externa e interna determinaram, entre 1629 e 1630, o nó crucial de toda a ação governamental de Richelieu, que é a escolha fundamental entre as duas políticas propostas na França, representadas respectivamente pelo chanceler Marillac e por Richelieu. Duas alternativas diferentes, uma de recolhimento e consolidação dentro do país, outra de luta aberta pela hegemonia europeia. Na determinação desse nó de problemas concorriam fatores muito diversos, como igualmente heterogêneos eram os componentes da vida política da época.

Em primeiro lugar, os fatores dinásticos. Novas complicações haviam surgido dentro da família real. O irmão do rei, Gastão, que na época do casamento com mademoiselle de Bourbon-Montpensier tinha provocado a grande crise da conspiração de Chalais, estava agora no centro de uma nova complicação de caráter matrimonial. Montpensier morrera no nascimento de seu primeiro filho, e Gastão estava planejando um novo casamento com Maria Gonzaga, filha do duque de Mântua. Mas Maria de Médici era contrária e opôs uma série de razões, entre as quais que Gonzaga não era um partido digno de um membro da família real da França. Naturalmente, como Médici era descendente de um Habsburgo, a rainha-mãe acreditava ser de nobreza superior aos Gonzaga, que por sua vez se consideravam de nobreza muito mais antiga, já que os Médici eram burgueses que tinham vindo à luz havia poucos séculos. Essas recriminações adensavam a atmosfera. Chegou-se a ponto de Maria de Médici sequestrar Gonzaga e levá-la a Paris, onde Gastão estava, tentando comprometê-la aos olhos da opinião pública, de modo que parecesse uma esposa indigna de um príncipe de sangue. Tudo isso piorou as relações entre Maria de Médici e Richelieu, que apoiava o casamento.

Esse embate se juntava à série de desavenças entre a rainha-mãe e o cardeal que datavam da época de La Rochelle, quando o partido "devoto" havia notado que o fortalecimento do poder real devido à derrubada do partido huguenote permitia que o governo tivesse uma política internacional mais autônoma com característica antiespanhola e, portanto, contrária à política geral da Contrarreforma, da qual o partido "devoto" era defensor.

Além desses elementos de caráter dinástico, outras questões importantes de ordem política surgiam no horizonte. Quando Richelieu voltou da expedição ao Languedoc — um enorme sucesso que culminou no édito de pacificação de Alaïs, o qual sancionava a submissão definitiva do partido protestante e do fim de seu poder político —, todos na corte perceberam que a rainha-mãe não nutria mais, em relação ao cardeal, a mesma simpatia do passado. A soberana não hesitou em mostrar-lhe publicamente sinais de descontentamento, e também pôs em maus lençóis o rei, que, ligado a Richelieu de um lado e à mãe do outro, tentava evitar a ruptura entre os dois. A rainha-mãe tinha a seu lado dois dos membros mais importantes do Conselho do Rei, o cardeal Bérulle e o chanceler Marillac (nomeado por Richelieu em 1626 no lugar do chanceler Aligre).

Bérulle era um homem de profunda fé religiosa, um personagem autenticamente místico que tem seu lugar na história religiosa da França, embora não fosse um místico abstraído do mundo, tendo, pelo contrário, uma profunda percepção da realidade política. Não há dúvida de que seu curso de ação derivava de um programa ideal e altruísta. E o próprio Richelieu reconhecia isso, quando escrevia sobre ele: "Esse homem puro empreendeu seus ataques contra mim certamente não por inimizade pessoal. Ele não sabia o que era ódio, mas o que o fazia tão forte em ação era a convicção de que aquilo correspondia à vontade de Deus".

Bérulle queria que a política francesa se ajustasse à política geral da Contrarreforma: era portanto, na França, o representante dessa tendência que na Alemanha era liderada pelo imperador Fernando. As causas da Igreja católica e a dos Estados católicos se uniam na tentativa de restaurar na Europa a unidade religiosa e o universalismo medieval. A acusação contra a Espanha, de querer restaurar a monarquia universal, nascia de uma possibilidade ainda pulsante na vida política da época. E se vê claramente, a essa altura, uma das grandes consequências históricas da ação política de Richelieu, que – primeiro na França, com a batalha de política interna, e depois na Europa, com a intervenção na Guerra dos Trinta Anos – foi o principal autor do fracasso dessa tentativa. A paz da Vestfália marca o início da comunidade internacional moderna, o fim da *res publica christiana* e o início do direito internacional moderno, no sentido de que os Estados surgem como sujeitos soberanos do direito internacional. Agora, é precisamente o resultado do confronto entre a política de Contrarreforma defendida por Bérulle e a política nacional de Richelieu – que por sua vez era determinante para o sucesso da Guerra dos Trinta Anos – que teve uma importância decisiva para a origem da Europa moderna. O particularismo nacional, em suma, nasce justamente da Guerra dos Trinta Anos e da ação política de Richelieu. Se conhecemos uma Europa que existe desde o século XVII até a presente data, caracterizada pela presença de Estados considerados como fins absolutos, não subordinados a nenhuma autoridade superior, isso se deve ao fato de que, na batalha então travada, o particularismo representado pelos Estados nacionais, como França, Holanda, Suécia, Inglaterra, prevaleceu sobre a ideia universal representada pelos Habsburgo.

Mas não se trata apenas disso: do sucesso da luta também dependia o fracasso da tentativa de criar uma unidade alemã sob a soberania habsburga, de unificar a Alemanha por meio de uma solução meridional e católica de todo o problema alemão. Consequentemente, o norte protestante permaneceu autônomo o suficiente para permitir o desenvolvimento de um novo e importante fator político, a Prússia, que permitirá a unificação germânica sob um signo protestante e setentrional.

Não faltaram, na historiografia católica, aqueles que deploraram a política de Richelieu, argumentando que, sem sua intervenção na Guerra dos Trinta Anos, não teria havido Hitler, pois não haveria nem Bismarck e, retrospectivamente, a guerra da independência alemã contra Napoleão, Frederico II, o grande eleitor etc.: se todos esses "ses" não existissem, a história teria sido bem diferente. Mas reclamar da política de Richelieu não faz sentido. Só podemos dizer que esses eventos caracterizaram a história europeia dos séculos seguintes, e devemos lembrar que foi quando a história da Europa seguiu esse caminho, e não outro.

O embate entre o partido "devoto" e Richelieu foi tão severo que, quando Bérulle morreu, em outubro de 1629, suspeitou-se de que tivesse sido envenenado e se acusou o cardeal, que teve de se defender na corte papal. Outro tipo de oposição a Richelieu começou de uma perspectiva menos universal e de um plano ideológico menos complexo, mas, por outro lado, estava muito mais ligado à concreta situação francesa; referimo-nos à política do chanceler Marillac. Era um homem velho (em 1630, ele tinha 67 anos), que fizera carreira nos últimos anos com o apoio de Richelieu. Ambicioso e autoritário, tinha, como chanceler, notícia direta de todas as medidas tomadas para punir os autores de distúrbios. Agora a situação interna era tal que é bem possível entender como um político responsável acreditava que, no momento em que a situação interna e as relações entre as classes sociais pareciam extremamente tensas, talvez com desdobramentos revolucionários, era preciso evitar as arriscadas iniciativas de política externa seguidas por Richelieu. E, de fato, toda uma série de episódios mostra a dramaticidade da escolha que o cardeal teve de fazer, em um momento no qual muitas razões bem fundamentadas pareciam sugerir uma política oposta à dele.

Richelieu escolherá uma política de intervenção na Europa que sacrifica o interior em relação ao exterior: é basicamente uma política autoritária, que implica a imposição de encargos muito pesados ao país, e especialmente às classes mais humildes. Marillac sugere, ao contrário, uma política de recolhimento, que tende a eliminar os abusos existentes no reino, a melhorar a administração, a aliviar a carga tributária, ou seja, uma política que leve mais em conta as necessidades das pessoas comuns e em que, para usar uma expressão imprópria, os interesses "sociais" prevalecem sobre os interesses "políticos", que orientam a ação de Richelieu.

No início de 1630, as vantagens obtidas pela França depois do sucesso do ano anterior na Itália começaram a ser questionadas pela reação dos Habsburgo. Isso mudou dos dois lados, da parte da Espanha e da parte do Império. O governo de Madri conseguiu, de fato, persuadir o governo imperial a utilizar na Itália parte dos exércitos que foram libertados das vitórias alemãs. Da Alemanha, portanto, veio um exército de soldados retirados do teatro da Guerra dos Trinta Anos sob o comando do conde de Collalto, que sitiaram a fortaleza de Mântua. Essa foi a invasão dos lansquenetes da qual fala Manzoni, acompanhada pelo horror das pestilências e saques, que para os italianos eram novíssimos, mas que para os alemães eram uma experiência que vinha já desde 1618. Ao mesmo tempo, um exército espanhol atacou a grande fortaleza de Casale sob o comando de Ambrósio de Spinola. O duque de Saboia mostrava que não queria manter a fé nos acordos de Susa, tinha uma atitude um tanto desconfiada e parecia querer voltar a se aproximar dos espanhóis.

Era, pois, necessária uma nova intervenção francesa. Richelieu aconselhou o rei a assumir o comando do exército na fronteira da Saboia. Contudo, os assuntos da corte mais uma vez atrapalharam a política exterior: Gastão de Orléans, prejudicado em seus planos de casamento, escapou para o exterior, buscando refúgio com o duque de Lorena. Isso preocupou muitíssimo Richelieu, porque o duque d'Anjou, encontrando-

-se em um Estado fronteiriço e a salvo das autoridades francesas, ainda estava muito perto e podia constituir um centro de captação de todos os descontentamentos e dar origem a uma nova "tomada de armas" contra o rei por parte dos grandes nobres. Richelieu, portanto, induziu o rei a exercer forte pressão para que Gastão voltasse. E enquanto o soberano permanecia em Paris, o cardeal se denominava "generalíssimo" e assumia o comando do exército que deveria operar no Piemonte. Sob suas ordens estavam três marechais da França: Schomberg, Créqui e La Force. A resistência das forças piemontesas foi muito pouca e Richelieu marchou sobre Turim. Para defender Turim, o duque de Saboia retirou todas as forças (mil homens) que mantinha em Pinerolo, e Richelieu dirigiu Créqui e La Force para aquela fortaleza, que foi forçada a se render.

A conquista de Pinerolo teve uma grande importância na determinação do momento mais agudo da crise política francesa. Na verdade, Pinerolo era uma fortaleza dilapidada, mas facilmente fortificável. Com isso, a França chegava à posse de uma das portas que Richelieu tentava abrir nas fronteiras, uma porta que dava livre acesso à Itália. Por conseguinte, significava pôr em discussão o domínio espanhol na Itália estabelecido pela Paz de Cateau-Cambrésis. A Espanha não podia aceitar a conquista francesa de Pinerolo, enquanto a França, renunciando a essa fortaleza, teria renunciado também a intervir nos assuntos italianos. Houve um debate animado entre os líderes franceses sobre a oportunidade de manter ou não Pinerolo: no primeiro caso, previa-se uma longa guerra com a Espanha, no segundo, uma política de paz.

Enquanto isso, com o retorno de Gastão a Paris, depois da concessão de novas prerrogativas, o rei podia retomar o comando do exército. Ele partiu em direção à fronteira, seguido pelas duas rainhas: entre Dijon, Grenoble e Lyon ocorreram discussões decisivas, enquanto Richelieu viajava entre a fronteira piemontesa e Lyon. O rei assumiu o comando das tropas e invadiu a Saboia: Chambéry e Annecy caíram, ocupou-se a passagem do Gran San Bernardo. Em algum momento, no entanto, o ataque francês diminuiu, as epidemias se espalharam entre as tropas, a resistência interior aumentou e o próprio rei, depois de adoecer, deixou o exército e retornou a Lyon, com sérias consequências, porque deu a impressão de que a campanha havia terminado. Em poucos dias, 6 mil homens deixaram o exército e o moral geral caiu.

Richelieu então se viu travando uma batalha decisiva. A política de Marillac alcançou a forma de uma oposição explícita ao cardeal, que também voltara a Lyon. Nesse momento, o rei piora e parece que vai morrer. Para Richelieu, é quase o fim. Projeta-se a ascensão ao trono de Gastão, inimigo do cardeal, com o ministro Marillac, e a própria vida de Richelieu agora parece estar em perigo. Mas, com um desfecho dramático, o rei melhora abruptamente, em 30 de setembro, depois de ter recebido a extrema-unção. Richelieu se sente forte de novo, mas parece que Maria de Médici, durante a doença do filho, obteve a promessa de afastamento do cardeal.

Retornam a Paris e, em 10 de novembro de 1630, acontece a famosa *journée des dupes* [dia dos logrados]. Richelieu vai ao palácio da rainha-mãe e pede para ser recebido, mas sente que há uma recusa, pois a soberana está conversando com o rei. Ele entende que seu destino está em jogo, tenta chegar de qualquer forma à presença do rei: mas as portas estão fechadas. No entanto, uma passagem pela sacristia da capela e através de uma escada leva ao quarto da rainha. Aquela passagem estava livre e Richelieu aparece diante dos soberanos. Segue-se uma cena incrível: Maria de Médici chama Richelieu de hipócrita, este chora, a rainha responde que todo mundo sabe que seu choro é falso. O rei, indignado, sai da sala. Todo mundo tem a sensação de que a causa de Richelieu está perdida e ele é aconselhado a fugir. Mas então uma nota do rei o convida a Versalhes, confirmando sua confiança, e o destino de Richelieu volta a descansar em uma base mais sólida. A partir daí, começa a vingança do cardeal. Marillac é deposto e um de seus irmãos, marechal da França, é condenado à morte sob acusação de peculato. Começa uma nova fase da política externa de Richelieu.

Vimos que as políticas de Richelieu e Marillac entraram em conflito porque a política de guerra do cardeal, o esforço de afirmar o *renommée* do rei na Europa, significava enfrentar grandes despesas, manter grandes exércitos, adiar a reforma interna. A venalidade dos cargos e ofícios não podia ser suprimida, nem se podia pensar em reformas tributárias, que pressupunham um período de economia, enquanto a política externa absorvia cada vez mais dinheiro. A política de Richelieu implicava então que se agravasse a pressão sobre o país para obter todos os meios necessários para a guerra: e o cardeal não estava disposto a mudar suas diretrizes para satisfazer o desejo de paz do país. "A aversão dos povos em relação à guerra", ele dirá, "não é um motivo a ser levado em consideração para concluir a paz, pois frequentemente sofrem e reclamam tanto dos males necessários quanto dos evitáveis; e são incapazes de entender o que é útil para um Estado, e ao mesmo tempo sensíveis e prontos para sofrer com os males que se deve sofrer para evitar os maiores."

Não que o povo não estivesse no coração de Richelieu, mas ele acreditava que os grandes interesses do Estado eram mais importantes. Hoje, essa política seria chamada de política de prestígio; mas não nos esqueçamos de que, dessa maneira, Richelieu construiu a hegemonia francesa na Europa, que durou dois séculos e que também significava a hegemonia da cultura francesa: o prestígio mundial da literatura, dos costumes, das ideias francesas não era um fato puramente intelectual, mas também o resultado da preeminência da França na Europa. Isso mostra que, naquela época, o uso da força também criou valores de civilidade. Uma visão moralista que contrapõe a bondade de Marillac, que cuidava do povo sofredor, e a de Richelieu, que perseguia a glória do rei, não faria sentido histórico.

No entanto, a antítese entre a miséria do povo e a glória do Estado não se resolve facilmente. A política de Marillac tinha suas boas razões: a extensão dos males que pesavam sobre o país era grave, e um homem político responsável não podia concordar com a política de Richelieu por razões muito sérias. Não é possível concordar com um ou outro, porque pode ser que mesmo com a política de Marillac a história alcançasse valores positivos. Mais uma vez é necessário se apoiar nesta constatação: a conquista da hegemonia francesa na Europa teve reflexos de primeira linha no nível político e cultural, e esse fato de civilidade, muito central para toda a história da Europa, e também para a nossa, é resultado de um fato político, de uma iniciativa da "razão de Estado".

XIX
Revoltas populares contra a política de Richelieu

Para entender melhor a extensão do conflito entre a política de Richelieu e a de Marillac, e para ver como o conflito se desenrolou, é necessário considerar alguns dados mais precisos que podem destacar a extensão e o peso das objeções feitas à política do cardeal. Não faltam testemunhos da resistência que essa política encontrava dentro do país, especialmente com relação ao crescente peso da tributação e os abusos cometidos nesse terreno. Essa política representava um encargo crescente para as classes populares, que reagiam com uma série de agitações muito maiores do que se possa imaginar.

Eis o que acontecia, por exemplo, em Caen, na Normandia, por ocasião de uma dessas *émotions populaires*, como Marillac as chamava. Sigamos as atas lavradas por um funcionário que teve de confrontar diretamente a situação, o *maître de requêtes* Turgot. Ele diz que em 23 de maio de 1630, por volta das sete horas da noite, "uma mulher de péssima reputação desceu ao porto e declarou vir do castelo, e que o governador dava liberdade ao povo de saquear os barcos que transportavam grãos".[1] Um conselheiro da presidência que estava passando se opôs aos saques, mas teve de sair correndo quando foi ameaçado de ser jogado na água. Turgot, advertido, mandou chamar o lugar-tenente criminal e ordenou que o preboste e os arqueiros executassem as medidas de justiça contra os saqueadores. Algumas pessoas sediciosas foram presas e condenadas ao chicote; mas o povo reclamava e a execução do castigo podia levar ao agravamento da revolta: portanto, os arqueiros do preboste, em vez de obedecer, fugiram. Foram substituídos por soldados da guarnição, dez alabardeiros e dois mosqueteiros, os quais tinham de simplesmente levar os culpados para a prisão. O toque de alarme soou e em menos de uma hora cerca de 6 mil agitadores reuniram-se em frente às prisões. Diz a ata:

> Imediatamente, o sr. Turgot tendo sido avisado [...], mandou chamar os capitães do castelo e da cidade, e pediu-lhes para fornecer-lhe apenas vinte mosqueteiros para reprimir a agitação e proteger a prisão, cujas portas estavam sendo arrombadas. Mas os da cidade declararam que era impossível executar a ordem do *maître de requêtes*, acrescentando que não estava ao seu alcance fazer que os burgueses obedecessem a eles [isto é, a guarda da cidade que deveria manter a ordem], a maior parte dos quais fomentava ou aprovava a sedição, e não estavam dispostos a suportar a punição dos sediciosos.

Foi necessário que Turgot reunisse na cidade vinte ou mais nobres e funcionários "que amam o bem público"; mas quando

---

[1] Pagès, Autour du "Grand Orage". Richelieu et Marillac: deux politiques, *Revue Historique*, v.CLXXIX, p.63-97, esp. p.70, 1937.

ele chegou diante da prisão, cujas portas haviam sido arrombadas, os prisioneiros não estavam mais lá, e ele viu que os sublevados saqueavam as casas da periferia. Ele chegou, matou três ou quatro dos amotinados e dispersou a multidão. A revolta continuou no dia seguinte e foi apenas na terça-feira à noite, 28 de maio, que a chegada do duque de Matignon permitiu restaurar a ordem.[2]

Houve outro episódio, em Lyon, no mesmo ano. Os exércitos reais já tinham ocupado a Saboia, enquanto as rainhas estavam em Lyon. Nessa cidade, foi a imposição de novas taxas fiscais que irritou a população. Em 7 de junho de 1630, cerca de seiscentos *compagnons*, artesãos têxteis, cercaram a casa de um certo Sieur Cotel, cobrador de dívidas dessas taxas. Marillac, ao ouvir a notícia, advertiu o lugar-tenente criminal e enviou um dos arqueiros do preboste. Mas o arqueiro foi espancado e feito prisioneiro pelos manifestantes, e o tenente criminal foi sitiado em sua casa; conseguiram libertá-lo e capturar um dos manifestantes, mas o tumulto continuava. Finalmente chegou o governador d'Alincourt, que, por volta das oito da noite, depois de ver a rainha, foi se encontrar com Marillac. Este conta:

> O governador me disse que essas pessoas estavam reunidas em uma praça da cidade e pediram que se soltasse aquele prisioneiro, que é um fabricante de veludo, fazendo grandes ameaças se não fosse liberado; que ele [d'Alincourt] tinha querido armar os capitães e os bairros que dependiam deles, e eu mesmo ordenei ao reitor dos comerciantes que os capitães fossem armados para ter vantagem sobre esses sediciosos. O sr. d'Alincourt me

---
2 Ibid., p.71.

disse que não havia um único capitão que pudesse ser obrigado a tomar as armas em seu bairro, e vários testemunharam, com seu comportamento, que não lamentavam o que estava acontecendo.

Sem dúvida, a rainha-mãe estava com medo, e o próprio Marillac não estava muito seguro, tanto que decidiu atender a demanda dos manifestantes e soltar o prisioneiro. "Espero", concluiu Marillac, "que isso acabe com a bagunça, mas é estranho ver com que facilidade essas pessoas começam uma agitação, e a frieza dos mais qualificados a fazê-lo."[3]

Existem inúmeros testemunhos desse tipo. A oposição popular à política de Richelieu não terminou nesse ano (1630): de fato, o pior aconteceu depois. À medida que o reino começa a se envolver mais na luta contra a Espanha, e especialmente a partir do momento em que a França intervém diretamente na guerra e quanto mais graves são os encargos que pesam no país, a resistência será mais violenta e haverá revoltas populares, as quais os historiadores só conseguiram revelar em sua totalidade há algumas décadas. São tumultos que recebem o nome de *croquants* e "pés descalços", que devastaram regiões inteiras e mobilizaram dezenas de milhares de revoltosos. Mas a partir de então uma característica das revoltas deve ser observada: que as autoridades locais pareciam não ter o menor medo, e às vezes estavam até a favor das revoltas populares. Este é um ponto importante: é uma questão de entender por que a classe média, os representantes das autoridades municipais e também proprietários da maioria dos ofícios reais assumiram uma atitude tão maleável diante das revoltas populares em vez de temer as con-

---

3 Ibid., p.72.

sequências para a ordem social e a propriedade. As opiniões sobre o assunto são divergentes.

Uma interpretação foi dada por Mousnier, autor de um trabalho fundamental sobre a venalidade dos ofícios sob os reinados de Henrique IV e Luís XIII.[4] Segundo Mousnier, a razão pela qual a burguesia não se mostra contra esses tumultos populares é que ela considera a atitude do governo perigosa para os seus direitos; muitos desses funcionários são de fato ameaçados pela supressão da hereditariedade de seus cargos. O governo declarara repetidamente que queria suprimir a hereditariedade e a própria venalidade, privando um vasto setor da burguesia francesa de uma parte importante de suas fontes de renda, além de seu prestígio social. Nesse sentido havia se expressado Richelieu, e essa tendência foi, de certo modo, codificada em um regulamento geral dos assuntos do reino aprovado pelo rei em 1629 e essencialmente devido a Marillac. É um tipo de código; G. Hanotaux o chamou de primeiro código francês porque contempla todos os principais assuntos da vida interna do Estado, tanto de direito privado como administrativo-financeiro.

Hanotaux acredita que isso expressa as ideias de Richelieu, o que certamente é verdade; mas também se pode dizer que esse "código" expressa mais geralmente as necessidades de reforma do reino que eram compartilhadas por toda a classe política. Eram exceção, é claro, aqueles setores da classe dominante que teriam sido afetados, como os "ofícios": e, de fato, o registro da ordem com a qual o regulamento geral era publicado foi

---

4 Mousnier, *La vénalité des offices sous Henri IV et Louis XIII*.

rejeitado pelo Parlamento de Paris. Mousnier, que estudou muito detalhadamente a relação entre a classe dos oficiais e o governo, chega a esta conclusão: que em algum momento, entre o governo e a burguesia dos ofícios se chegou a um acordo, então o governo desistiu das reformas e os oficiais deixaram de se opor à política externa do rei e se empenharam com maior zelo contra a revolta popular em apoio da autoridade real. De fato, sabemos que esse primeiro regulamento do reino não foi aplicado, tanto que na denominação popular permaneceu com o apelido irônico "Code Michau" (de Michel, nome de Marillac). Sua não aplicação indica claramente a renúncia de Richelieu à aplicação de seus antigos planos de reforma interna do reino.

Essa explicação de Mousnier, se pode parecer convincente quanto aos membros de um determinado setor da burguesia, isto é, a burguesia dos ofícios, mostra-se insuficiente para uma avaliação geral do problema. Uma tentativa de explicação generalizante foi feita por um historiador soviético, Porchnev, no conhecido volume *Les Soulèvements populaires en France de 1623 à 1648*. Porchnev trabalhou principalmente com documentos franceses levados a São Petersburgo por um diplomata russo, colecionador aficionado que os adquiriu durante a Revolução. Além de dar uma contribuição documental que acrescenta novos dados aos fornecidos por Pagès, Porchnev alega que a política de Richelieu tendia a consolidar o equilíbrio político-social da França com base na preeminência da monarquia e da nobreza, fazendo à burguesia concessões secundárias, como a hereditariedade dos ofícios etc. Era então uma questão de saber se a burguesia francesa deveria escolher o caminho da revolução, como contemporaneamente fazia a inglesa, ou se, ao contrário, tinha de aceitar a monarquia. Em um primeiro momento, a burguesia apoiou as revoltas populares, mas depois traiu seus próprios interesses de classe, teve medo das revoltas populares e recorreu à autoridade monárquica, que garantia a ordem social, renunciando ao pleno desenvolvimento de suas esferas antifeudais. Dessa forma, a burguesia francesa perdeu a oportunidade histórica de acompanhar a burguesia inglesa e antecipar a Revolução francesa em 160 anos.

Esse discurso foi repetido por estudiosos marxistas em relação aos mais variados problemas históricos. Por exemplo, ao examinar o Risorgimento italiano, Gramsci afirma que, se a burguesia italiana tivesse sido revolucionária e jacobina, teria liderado uma revolução agrária, uma revolução camponesa. Em vez disso, apoiou os moderados, teve medo do povo, procurou se comprometer com os resíduos feudais representados principalmente pelos grandes proprietários meridionais. O mesmo discurso foi feito para as comunas; o desenvolvimento falho do movimento comunal em direção a uma revolução capitalista e burguesa integral, que também teria permitido unificar o mercado nacional e chegar, portanto, à unidade política, foi atribuído à aliança fracassada da burguesia comunal com os camponeses. É claro que se trata de um esquema externo e mecânico que gostaríamos de preencher com os mais diversos conteúdos, sem nenhuma relação com os dados empíricos da pesquisa baseada em problemas específicos.

Não é difícil entender por que a burguesia francesa da época de Luís XIII tinha todo o interesse em confiar na monarquia, que garantia o desenvolvimento de uma economia capitalista à custa das classes camponesas, como precisamente determinado pelo mercantilismo: nem é de se pensar que havia, então, uma alternativa real de tipo revolucionário. No geral, porém, esses distúrbios foram suficientemente sérios para despertar em Richelieu o medo de graves desordens no reino, mas nem tanto a ponto de impor ao cardeal uma mudança das diretrizes gerais.

A alternativa, como já se disse, se apresentou em 1630. A oposição de Marillac se acentua em um momento particularmente difícil para Richelieu, e isso agrava o conflito. É o momento em que as negociações com os espanhóis são mais difíceis, em que o exército na campanha italiana é atingido pela peste e as intrigas da corte se intensificam. Richelieu percebe que sua posição diplomática está enfraquecida pelo fato de que os espanhóis conhecem o vívido desejo dos franceses pela paz, e começa a ver a resistência do partido da paz como uma verdadeira traição e a censurá-lo cada vez mais abertamente a Marillac. Se os espanhóis não soubessem que na França se fala em paz todo dia, ele escreve ao chanceler, nós realmente teríamos paz a essa hora. "A maneira de conseguir a paz não é mostrar que você a quer com tanto ardor [...]. Aqueles que se mostram zelosos pelo descanso da França e pelo bem-estar do povo, sempre falando em paz, tolhem a maneira de fazer isso. Os inimigos tiveram coragem na Itália só porque acreditam que na França se cansaram da guerra e não se pode mais continuá-la."[5]

Também vale a pena ouvir Marillac. Aqui está uma carta que ele escreve a Richelieu, em fevereiro de 1629, enquanto ainda está em discussão se o rei entrará ou não na Saboia. "A gestão dos negócios obriga-me a torná-lo consciente de que

---

5 Pagès, op. cit., p.90-1.

fazemos um grande número de coisas que o povo recebe com grandes aflições..." Em vez disso, "parece-me que a glória do bom governo está principalmente em pensar na elevação dos súditos e no bom ordenamento do Estado, o que pode ser feito somente pela paz".[6]

As razões do cardeal são expostas em uma memória publicada por Pagès. É datada de 13 de abril de 1630 e resume as razões pelas quais Richelieu acredita que, como a cidade de Pinerolo havia sido tomada, certamente se devia continuar a política de compromisso na Itália.[7] Escreve ele:

> Pinerolo foi tomada, e é impossível estimar a importância dessa conquista. No entanto, precisamos ver qual deve ser a sequência dessa vitória e o que pode resultar disso. O legado [Mazarino] não nos dá qualquer esperança de que a paz seja possível sem a restituição de Pinerolo, e os espanhóis sabem muito bem o quanto essa praça é importante para eles, se permanecer nas mãos do rei, e vão fazer o impossível para roubá-la. Eu digo a eles, o que é a mais pura verdade, que não tenho poderes para decidir sobre isso e ainda não posso tê-los, pois não houve tempo de receber notícias do rei depois da tomada da fortaleza. Eu digo, por outro lado, que essa praça nas mãos do rei não pode causar zelos à potência espanhola na Itália, já que, enquanto tivermos sua posse, o duque de Saboia sempre será nosso inimigo e, consequentemente, estará unido à Espanha contra nós, e seus Estados farão uma barreira entre Pinerolo e a região milanesa. Também

---
6 Ibid., p.66.
7 Ibid., p.82-5.

digo que a Espanha se preocupa mais em fazer que tenhamos más relações com o duque de Saboia do que nos privar de Pinerolo. De fato, sem essa praça e em bons termos com o duque, teremos toda a possibilidade de atacá-los, enquanto se a tivermos e o duque estiver contra nós, como ele sempre está, não teremos algumas dessas possibilidades.

Richelieu apresenta, portanto, um argumento muito sutil: a conquista de Pinerolo seria inútil para a França, pois, se isso ocorresse, o duque de Saboia seria seu inimigo eterno e seus estados fariam uma barreira entre a França e a Itália. O argumento era muito bom, mas, precisamente porque Richelieu tinha essa dificuldade à sua frente, logo encontrou uma maneira de superá-la; e a superou provocando a invasão da Saboia, ou seja, passando os estados do duque de Saboia ao controle francês. Em suma, a ocupação de Pinerolo significava que o duque de Saboia devia perder toda a autonomia, como acontecerá precisamente com a morte de Carlos Emanuel I, que deixará seus estados em grande parte ocupados pelos franceses e fará de Vítor Amadeu I um vassalo da França. E Richelieu continua na memória mencionada:

> Enfim, de minha parte, estando longe do Conselho do Rei, evitarei dizer se Pinerolo deve ser restituída ou não. Mas vou dizer que, se ela for conservada e posta num bom estado de defesa, o rei terá feito a máxima grande conquista que pode ser realizada e terá a oportunidade de ser o árbitro e o comandante da Itália [isso mostra que, na realidade, ele está totalmente convencido da importância da conquista]. Por outro lado, se Pinerolo for restituída, é preciso perder as esperanças de controle da Itália

para sempre, não sendo uma praça que pode ser retomada quando for sistematizada como estamos começando a fazer, e como o duque de Saboia pode fazê-lo, continuando o que começamos: pois as passagens na Itália são tais que é impossível para a França entrar em guerra contra ela se não possuir uma praça grande como essa, como base de operação [na qual ponha primeiro suas provisões. Nós experimentamos isso todos os dias, porque, apesar de todos os nossos cuidados, há seis meses não se poderia avançar nem três milhas sem perecer por falta de comida...

A questão é, portanto, se convém conquistar a paz restituindo Pinerolo ou conservá-la com uma longa guerra, que obrigará a manter um exército forte no Piemonte, outro na Saboia com o rei em pessoa e outra em Champanhe. Caso se queira fazer a paz, será feita não apenas sem vergonha, mas com glória. Mas é de se duvidar da segurança da Itália para o futuro. Se a guerra for travada, ela será feita confiando na conquista da Saboia e na conservação de Pinerolo. Mas teme-se pela continuação da guerra, se formos atacados em Champagne. Também se deve ver se sempre se encontrarão os meios financeiros para apoiá-la e se o interior do reino estará sempre em paz...][8]

E ele conclui:

Se resolvermos pela paz, é preciso fazê-lo rapidamente, sem perder um momento, pois os negócios do rei estão em estado favorável. Se, do contrário, resolvermos pela guerra, a Saboia deve ser atacada sem demora e, mesmo que isso seja feito muito em breve, já será tarde. Se o rei se decidir pela guerra, deve abandonar

---

8 Acréscimo do organizador.

quaisquer pensamentos de descanso, economia e regulamentação interna do reino. [Por outro lado, se o desejo é pela paz, será necessário abandonar os projetos em relação à Itália para o futuro, e tentar garantir isso quando possível, em condições que não possam ser incertas, e contentar-se com a glória presente que o rei terá mantido com a força do senhor de Mântua em seus estados contra o poder do Império da Espanha e da Saboia juntos...].⁹

Em suma, Richelieu vê claramente que a alternativa é abandonar qualquer política de reforma dentro do país.

---

9 Idem.

XX
Richelieu e a história da Europa moderna

Os eventos de 1630 marcam uma reviravolta na política de Richelieu também em relação ao setor alemão. Para entender isso, é necessário fazer referência aos acontecimentos germânicos depois da ocupação de Brandemburgo e dos outros territórios do norte da Alemanha que, já em 1627, levaram o exército de Wallenstein a controlar a costa báltica da Jutlândia à Prússia Oriental. Foi então que Wallenstein retomou o projeto, tentado alguns anos antes pela corte de Madri, de uma força marítima no Báltico que pudesse submeter aquele mar ao controle dos Habsburgo, para atrair na esfera imperial as cidades da Liga Hanseática e usar suas forças marítimas e comerciais na luta contra as Províncias Unidas.

Estas, apesar da séria derrota sofrida com a queda de breda (1625), e apesar da morte de Maurício de Nassau, sempre constituíram um grande problema para a diplomacia espanhola. A resistência holandesa registrou algum sucesso, a ponto de liderar as tropas holandesas em território imperial, propondo uma delicada questão legal que a diplomacia espanhola procurou explorar politicamente. De fato, a entrada de tropas holandesas no território imperial poderia ter induzido o imperador a condenar os holandeses como violadores da "Paz do Império" por causa da norma segundo a qual os estados incluídos no Império alemão eram obrigados a não fazer guerra entre si, sob a ameaça de sanções que podiam chegar até a expulsão do Império.

Na verdade, a diplomacia espanhola estava tentando atrair os Habsburgo austríacos para uma diretriz que os desviasse de seus fins (unificação do Império sob a liderança habsburga e católica), aproximando-os dos objetivos dos Habsburgo da Espanha. Ou seja, estava começando a haver uma discordância entre a política espanhola e a austríaca que causará grandes danos à causa habsburga, e um exemplo disso já fora visto na Itália. Quando os espanhóis vão pedir um deslocamento de tropas na Itália para intervir na questão da sucessão de Mântua, despertarão ressentimentos no âmbito dirigente alemão, dos quais o próprio Wallenstein será porta-voz.

Retomar o projeto do Báltico significava formar uma potência naval habsburga na costa norte do Império. O controle da costa era, portanto, necessário e, para protegê-lo, em 1628 Wallenstein sitiou Stralsund, cidade protestante da Pomerânia com amplas autonomias citadinas: diríamos uma La Rochelle do Báltico. No entanto, Stralsund teve mais sorte: conseguiu garantir para si a ajuda efetiva da Suécia, e Wallenstein, dando-se conta depois de alguns meses de cerco das dificuldades da empreitada, deixou o campo e, algumas semanas depois, levantou o cerco.

Foi um primeiro revés na crescente sorte de Wallenstein: mas, naquele momento, ninguém percebeu seu significado. Poderia prejudicar seu prestígio, mas ele logo encontrou um remédio também para isso. O rei da Dinamarca, que não havia abandonado a luta, apesar da perda da maioria de seus estados, tentou uma recuperação ofensiva, desembarcando em Wolgast (a sudeste de Stralsund). Por algum tempo, as condições do terreno permitiram que o rei se fortalecesse na zona costeira sem ser atacado. Mas, assim que ele saiu da praia para empreender uma ofensiva maior, foi confrontado pelas tropas de Wallenstein, e perto de Wolgast sofreu uma derrota que lhe custou a perda de quase todas as suas forças. Cristiano da Dinamarca se decidiu portanto pela paz, mesmo que Gustavo Adolfo tivesse concluído uma trégua com Sigismundo Vasa da Polônia e pensasse em uma intervenção direta na Alemanha. Um encontro entre os dois soberanos não teve sucesso e a Dinamarca aceitou a paz em Lübeck. Não foi uma paz muito séria para Cristiano IV, que preservou todos os seus territórios, mas teve que desistir de suas pretensões ao bispado da Baixa Saxônia e desaparecer da vista dos oponentes dos Habsburgo, que não tinham agora mais exércitos inimigos por toda a Alemanha. Foi então que o prestígio de Wallenstein chegou ao ápice.

Será melhor dedicar mais tempo a essa figura em que a historiografia e a literatura alemã viram a personificação de um momento em certo sentido eterno do espírito germânico. Wallenstein surgiu como aquele que representou uma possibilidade de resolver a Guerra dos Trinta Anos, de uma maneira que mudaria o destino da Alemanha. Também a insistência com que Burckhardt fala de Wallenstein revela a importância que esse personagem teve até recentemente na história cultural alemã. Afinal, Wallenstein tinha todas as qualidades para representar um papel excepcional, com forças e fraquezas que em um determinado contexto cultural podem explicar a sorte duradoura que teve na historiografia.

Já nos lembramos do horóscopo que Kepler fez dele, e é conveniente lermos seus dados essenciais. As estrelas de Wallenstein proporcionavam uma estranha combinação de fraquezas e forças, vícios e virtudes: seu espírito era inquieto, exigente e indagador, impaciente com métodos antigos e constantemente à procura do novo e não experimentado; secreto, melancólico, desconfiado, desdenhoso de homens e de suas convenções. Mesquinho, enganoso, sedento de poder, incapaz de amar e não amado por ninguém; de humor variável, briguento, cruel e sem amigos.

Esse horóscopo de Kepler corresponde em parte às reais características do homem. Mas os dados psicológicos não são suficientes para nos explicar sua importância histórica. Wallenstein se viu no cruzamento de dois mundos diferentes e antagônicos da Europa ocidental, onde, por exemplo, se desenvolviam personalidades tão diferentes como a dele e a de Richelieu. Ele havia sido protestante e se convertido ao catolicismo; meio boêmio e meio alemão, estava nos limites do mundo da Reforma e da Contrarreforma, do mundo eslavo e do mundo alemão. Gravitava na órbita dos Habsburgo, mas sentia que, na realidade, o centro de seu mundo estava naquela Alemanha norte-oriental toda permeada de elementos eslavos: um quadro que o fazia sentir vivíssimos problemas que para Richelieu estavam muito distantes, como o da cruzada contra os turcos. A isso se acrescentavam duas características fundamentais. Por um lado, uma habilidade prática extraordinária; por outro, uma fantasia desenfreada, melancólica e sonhadora, e que, ao lado da racionalidade política, cultivava esse senso de irracionalidade que explica, acima de tudo, sua sorte na tradição alemã.

Em certo momento, esse personagem, no auge do poder, passou a conceber uma política diferente da do imperador. Wallenstein não era realmente um general como os outros, e não apenas porque seu exército havia assumido dimensões enormes, mas porque ele próprio podia pagá-lo e mantê-lo; e agora, depois de Lübeck, não havia mais inimigos na Alemanha. Era lógico que isso preocupasse os príncipes alemães, que se perguntavam as razões pelas quais Wallenstein ainda mantinha essa grande força militar de pé e suspeitavam que queria dirigi-la dentro do Império em apoio ao absolutismo habsburgo. Mas a linha de Wallenstein não se identificava com a habsburga. Ele não estava dentre aqueles que defendiam a solidariedade dinástica com os Habsburgo da Espanha ao extremo; foi claramente contrário a enviar homens para o cerco de Mântua, acreditando que era mais importante ocupar as costas do Báltico para conter o desembarque do novo adversário que se anunciava, o rei da Suécia. Ao mesmo tempo, pensava que tinha todos os elementos em mãos para fundar um grande Estado, um sólido poder pessoal.

Qual era a natureza desse Estado? Certamente não gravitava em torno do Reno, o pivô do sistema habsburgo, mas do Elba, centro da Alemanha oriental e central, ou seja, daquele mundo eslavo e alemão do qual Wallenstein se sentia partícipe. Mas, de resto, é possível uma ampla gama de suposições que vão desde a hipótese de que ele queria tirar vantagem da ocasião para reconstruir em bases nacionais e não mais universais o Império alemão (essa é a razão pela qual a historiografia do século XIX viu em Wallenstein o defensor da causa alemã, aquele que tentou salvar a Alemanha das ruínas da guerra, estabelecendo uma política abrangente para reconstruir uma potência alemã independente das potências estrangeiras), até a hipótese de que ele queria reconstituir a universalidade imperial e a paz cristã para retomar a cruzada contra os turcos.

A essas ambições, ele unia uma confiança em seu destino, e no significado universal de sua missão, que também nos ajuda a explicar as razões de seu sucesso na cultura germânica: esta viu nele um combatente em busca de finalidades concretas e nacionais, cuja luta, no entanto, vai além do significado imediato e realiza, através dessa tarefa em particular, uma missão de importância universal. Em suma, Wallenstein é mais uma personificação do cavaleiro idealizado, que tem grande participação na literatura e na tradição alemãs. Esse personagem cujos objetivos parecem tão nebulosos e incertos, esse homem que, encontrando o padre José, apoia a necessidade de unir todos os príncipes da Europa em uma grande cruzada contra os turcos, para reconsagrar nessas bases a unidade de todos os cristãos, esse homem foi, portanto, feito para mover a imaginação daqueles que se aproximavam de sua obra.

Deve-se dizer, no entanto, que o equilíbrio entre sua poderosa imaginação e suas excepcionais habilidades práticas em algum momento começou a lhe faltar, e os excessos de fantasia passaram a dominá-lo. Wallenstein tornou-se cada vez mais psicologicamente desequilibrado, e a última fase de sua história é a de um homem que tinha perdido o senso de realidade, fascinado pela ideia de seu destino, da necessidade inevitável de seu triunfo. Quando isso acontecer, Wallenstein desaparecerá da história. Mas, por enquanto, ele continuava sendo o comandante da maior força militar da Alemanha, independente do imperador e à frente de um exército que se assemelhava, por assim dizer, a uma sociedade anônima moderna, cujos acionistas eram os próprios oficiais arregimentadores.

No entanto, a ascensão do líder provocou uma crescente hostilidade entre os príncipes alemães, que se tornou mais forte em decorrência de alguns eventos posteriores. Em 1628, Fernando II declarou que seriam destituídos os duques de Mecklenburg, acusando-os de traição por se aliarem ao rei de Dinamarca, e atribuiu os ducados a Wallenstein. Mas, apesar de não ser eleitores, os duques de Mecklenburg estavam entre os principais príncipes do Império. A surpresa foi grande, porque o imperador mostrou-se capaz de despojar um príncipe do Império substituindo-o por um favorito seu sem convocar a Dieta. O que teria acontecido com a liberdade alemã? Era a pergunta que os príncipes se faziam, e acima de tudo os dois eleitores protestantes (Saxônia e Brandemburgo), os quais reagiram mais rápido. Mas também protestou um aliado do imperador, Maximiliano da Baviera, que na verdade não tinha muitos motivos, pois baseava seu título eleitoral em um abuso ainda mais sério da autoridade imperial. Mas Maximiliano, que admitia os excessos de poder do imperador quando eram vantajosos para ele, não aceitava que este se comportasse como um soberano absoluto.

Para aumentar os temores, contribuiu o "édito de restituição" de 1629, uma medida que em seu tempo havia sido defendida por Maximiliano da Baviera, porém pensando em implementá-lo em outros tempos e com outras intenções: o imperador, em vez disso, pegou a arma de suas mãos. O édito realmente foi benéfico para os Habsburgo, em parte porque tinha um objetivo específico, a saber, a passagem do bispado de

Magdeburgo a um arquiduque da Áustria, e em parte porque implicava a restituição de todas as propriedades pertencentes à Igreja católica em 1555 e posteriormente apreendidas ou perdidas por ela de alguma maneira.

Depois da Paz de Augsburgo, o mapa geográfico-religioso da Alemanha havia mudado bastante; algo semelhante aconteceu na venda de bens nacionais na França durante a Revolução de 1589. Depois de três gerações, havia agora muitos proprietários de "boa-fé" de bens ex-eclesiásticos, tendo os usurpadores do passado vendido parte desses territórios. Príncipes já pertencentes à nobreza de terceira ordem haviam se tornado os maiores do Império graças à apreensão desses bens. Algumas cidades deveriam voltar ao catolicismo quando contavam, como Dortmund, com não mais que trinta católicos.

O édito, portanto, colidiu com a realidade. Um grande número de proprietários foi subitamente privado de seus bens, que deviam retornar à Igreja católica, mesmo em regiões onde esta não tinha mais fiéis. Também se retornava à Paz de Augsburgo, negando a legitimidade da confissão calvinista e admitindo apenas luteranos. Efetivar tudo isso era uma tarefa muito superior às forças do imperador: seria necessário enviar agentes a toda a Alemanha para controlar e alterar a estrutura de propriedade de terra de todo o país.

Também nessa ocasião, Wallenstein não aceitou a política imperial, e se disse que em muitas dioceses ele se recusava a expulsar o clero protestante até que o imperador enviasse eclesiásticos católicos dotados de um mínimo de respeitabilidade. Wallenstein então começou a se afastar da causa católica, sugerindo criar um novo domínio político em bases não confessionais.

Mas as reações ao édito foram muito fortes, especialmente porque, muito mais do que as disposições anteriores relativas à transferência de dignidade eleitoral e à atribuição do título de duque de Mecklenburg a Wallenstein, representava um gesto muito sério por parte do imperador, que até atentava contra a propriedade privada sem intervenção da Dieta ou das cortes do Império.

Esses eventos contribuíram para aumentar o conflito entre Maximiliano e o imperador. Até o momento, a causa católica na Alemanha era representada por três políticas diferentes lideradas, respectivamente, por Wallenstein, pelo imperador e por Maximiliano da Baviera e a Liga Católica; a última posição era ativamente "trabalhada" por agentes franceses, que tentavam aumentar a desconfiança em relação ao imperador, mostrando o perigo que seu poder crescente constituía para os príncipes.

Fernando II, no entanto, estava bem ciente da situação. Naquele momento, sua popularidade era tal que, se ele quisesse, ou pudesse, servir-se sem reservas do exército de Wallenstein, teria alcançado seus objetivos sem pedir nada aos príncipes do Império. Mas, em parte porque não confiava totalmente em Wallenstein, em parte porque temia se lançar a esse caminho abertamente inconstitucional, ele tentou um acordo com os príncipes para a sucessão imperial. Não se atreveu a declarar hereditária a monarquia na Alemanha, como já havia feito na Boêmia em 1627, e convocou uma Dieta em Regensburg para que os príncipes eleitores, segundo a tradição, elegessem seu filho como rei dos romanos. Ele conhecia as desconfianças existentes, mas também sabia que tinha uma boa moeda de troca: o afastamento de Wallenstein.

No entanto, a situação não era simples. Os eleitores protestantes de Saxônia e Brandemburgo se recusaram a participar pessoalmente e enviaram representantes; e as negociações se tornaram muito difíceis com Maximiliano da Baviera, incitado pelos franceses. A França tinha enviado um oficial diplomático, o embaixador Brûlart de Léon: mas ao lado dele estava o próprio padre José, que na verdade havia sido enviado por Richelieu para tratar de assuntos italianos, em vez de alemães: e de fato as instruções para os dois representantes franceses eram extremamente genéricas sobre questões alemãs, enquanto lhes eram conferidos os mais amplos poderes para a paz na Itália.

Estamos em julho de 1630. Gustavo Adolfo desembarca no norte da Alemanha, Richelieu está totalmente envolvido na expedição italiana, está se formando a crise interna que culminará no grande furacão e na *journée des dupes*. Entre setembro e outubro, no momento mais sério da crise, o cardeal deixou por cerca de 25 dias seus representantes sem instruções. No entanto, eles eram informados daquilo que acontecia na França, e sabiam da doença do rei: e esses fatos devem ter sido avaliados pelo padre José quando decidiu que era necessário obter tudo que se pudesse antes da morte do rei e de que, na França, prevalecesse uma política de renúncia.

De fato, o padre José teve sucesso. Ele se encontrou com Wallenstein e ouviu seus planos fantásticos, apresentados ao imperador como sinais explícitos da vontade do líder de se tornar rei ou imperador. Ele se esforçou para aumentar a desconfiança existente entre os príncipes, entre os quais desenvolveu uma campanha ativa para que negassem a dignidade de rei dos romanos ao filho de Fernando II. Tudo com bom êxito, tanto que o imperador teve de dizer que o padre José tinha sob sua aba seis capelos eleitorais (o sétimo pertencia a ao próprio imperador, na qualidade de rei da Boêmia).

Contudo, o padre José foi levado a assinar, em 13 de outubro, a Paz de Regensburg, que, ao ser comunicada, despertou a reação animada de Richelieu. Em relação à Itália, a paz previa o reconhecimento da sucessão ao duque de Mântua (e foi um sucesso francês), mas estabelecia para Monferrato que o Tribunal da Câmara Imperial precisava de dois meses para dar um parecer jurídico sobre a legitimidade da investidura do sucessor; enquanto isso, as tropas francesas deveriam ter deixado o Piemonte e os espanhóis, Monferrato. Com relação à Alemanha, o rei da França comprometeu-se a não fazer alianças com os inimigos do imperador, e de fato concluía uma aliança com ele.

O acordo teve consequências imediatas muito sérias, no que dizia respeito à Itália, pois o exército francês estava pronto para o ataque sob o comando de Casale, mas, ameaçado pela peste, não podia esperar dois meses. E, acima de tudo, as cláusulas alemãs eram sérias, no momento em que Richelieu fazia enormes esforços para atrair o rei Gustavo Adolfo para uma aliança com a França. Havia o risco de ser abandonado pelos aliados e de dar passe livre na Alemanha ao imperador. Teria sido a ruína da política europeia de Richelieu e, em geral, dos interesses internacionais da França, segundo a interpretação dada pelos "bons franceses".

Em 1627, Fancan, o jornalista que tinha tão efetivamente apoiado Richelieu, escreveu:

> Mesmo que as Índias fossem exauridas ou essas duas casas aliadas [a casa Habsburgo da Áustria e a da Espanha] as tivessem perdido, a Alemanha ainda é autossuficiente para os seus proje-

tos, sendo o maior, mais rico e poderoso reino do cristianismo, onde estão príncipes poderosos, cidades imperiais, a maior parte mercantis, opulentas, assentadas perto de grandes rios. E tudo isso no coração da Europa, o que será uma grande vantagem para que eles estabeleçam a sede da monarquia. Eles terão uma maneira de preparar e equipar frotas e navios para manter o norte sob controle e perturbar o sul, não apenas para impedir o comércio dinamarquês, inglês e francês, mas também para conquistar o que eles não têm e recuperar o que eles perderam. É por isso que os vemos tão animados para atacar com toda a força o rei da Dinamarca e as cidades e vilas da Baixa Saxônia, da qual ocuparam boa parte, e pouco está faltando para que sejam donos de tudo. Se forem deixados à solta, é certo que o dito rei [da Dinamarca] sucumbirá. Então toda a Alemanha subjugada servirá como pavimento, ou melhor, como base firme e segura para elevar seu edifício monárquico e triunfar sobre todo o cristianismo.

Em vez de abandonar sua política alemã, Richelieu decidiu negar o tratado. O rei já havia assinado os primeiros documentos executivos, e soberanos estrangeiros também já tinham sido informados da aceitação, quando Luís XIII foi induzido pelo cardeal a recusar a ratificação, acrescentando a questão de Casale e a alemã, e as menções que o tratado fazia à situação da Lorena e dos bispados de Metz, Toul e Verdun, regiões onde a França tinha posições que não era conveniente rediscutir.

A rejeição da Paz de Regensburg é especialmente importante sobretudo em relação à situação alemã e à política geral que Richelieu seguirá para a Alemanha e que será continuada por Mazarino. E é a demonstração mais clara do que será a política francesa comparada ao problema alemão até 1866 e 1870. Diz-

-se muitas vezes que os diplomatas franceses adoram ter em sua mesa uma cópia do Tratado da Vestfália para ser mostrado na primeira oportunidade. Isso significa que a situação criada pelo Tratado da Vestfália foi ideal para os fins da hegemonia francesa na Europa, pois esta percebeu que era necessário se opor à unidade alemã. E essa é a razão pela qual homens mais sensíveis à tradição estatal francesa, como Thiers, se opunham à política de nacionalidade de Napoleão III, e pela qual o próprio Napoleão III, e não menos que Bismarck, queria a guerra de 1870. Também se explica facilmente por que a tradição alemã vira na França o inimigo principal e tenaz da Alemanha, cujo poder nascia da divisão e da impotência da nação alemã.

Também se disse que, na origem do desastre alemão da Guerra dos Trinta Anos não estavam os países estrangeiros, mas os próprios alemães; na verdade, os partidários da divisão do país eram precisamente os príncipes alemães, em nome das liberdades germânicas, e eles forneceram precisamente a oportunidade de intervenção das potências estrangeiras. Porém, também é verdade que a luta contra a divisão da Alemanha necessariamente devia prolongar-se na luta contra as situações que surgiram na divisão da Alemanha em benefício de outros países. Tudo isso explica a importância histórica fundamental do trabalho político de Richelieu e como a configuração política da Europa moderna nasceu precisamente desses eventos, que culminarão no tratado da Vestfália.

Por outro lado, pode parecer que o esforço conjunto dos Habsburgo foi completamente inútil, e que Fernando II morreu sem deixar nada de definitivo. De fato, não se atingiu o objetivo de um império alemão de feição católica, porém Fernando conseguiu se tornar o primeiro verdadeiro imperador da Áustria. De fato, ele criou o Império austríaco, como elo unitário de países ligados por uma lei de sucessão hereditária, por uma burocracia unitária, por um exército dependente apenas da coroa, com o elemento alemão dominante entre as várias linhagens do Império, todos elementos que foram resultado das reformas centralizadoras e absolutistas então realizadas.

As consequências dos eventos de 1630 serão vistas no ano seguinte na Itália com a Paz de Cherasco, que tornará o duque de Saboia um vassalo da França e reconhecerá a sucessão de Mântua e Monferrato ao duque de Nevers, e na Alemanha, com o acordo entre o rei de França e o rei da Suécia, com quem ele se empenha em lutar com um exército de 36 mil homens na Alemanha, a considerar a Liga Católica neutra e respeitar a religião católica, enquanto o rei da França se compromete a apoiá-lo com uma doação anual de 1 milhão de liras, que era precisamente o que o Tratado de Regensburg teria impedido que se fizesse, se tivesse sido aceito. Assim começava uma nova fase da Guerra dos Trinta Anos, que veria a mudança do curso até agora seguido pelos acontecimentos.

Índice onomástico

A

Alberto de Habsburgo, arquiduque da Áustria, 87
Aligre, Étienne d', 213
Ana da Áustria, rainha da França, 76, 82, 169, 189-90, 199
Anhalt, Cristiano de, 129, 134, 136-7, 139

B

Barbin, Claude, 83-4
Beaumarchais, Vincent Bouhier, senhor de, 106-7
Bellarmino, Roberto, 48
Belloc, Hilaire, 17, 19, 23
Belvederi, Raffaele, 16n
Benedetti, Amedeo, 18-9n
Bentivoglio, Guido, 16n
Bergin, Joseph, 14n, 16n, 24n
Bérulle, Pierre de, 104, 196, 213-5
Bethlen Gábor, príncipe da Transilvânia, 136-7, 160, 163-4
Béthune, Philippe de, 90-1, 93-4
Beuvron, Guy d'Harcourt, 192
Bismarck, Otto von, 16-7, 214, 245
Bloch, Marc, 67
Bouillon, Henri de La Tour d'Auvergne, visconde de Turenne, duque de, 77
Brûlart de Genlis, Carlos, embaixador de Léon, 242
Buckingham, George Villiers, duque de, 152-3, 159-60, 169-70, 187, 199-201, 203-4
Budovec, václav, 113
Buquoy, Karel Bonaventura, 143
Burckhardt, Carl Jacob, 17, 17n, 79, 190, 235

C

Campanella, Tommaso, 168
Carafa, Carlo, 155
Carlos Emanuel I, duque de Saboia, 72, 74, 84, 90-2, 94,

96, 134-5, 159, 167, 174-5, 180, 186, 203-5, 207-8, 209, 216-7, 229-31, 246
Carlos I de Gonzaga-Nevers, 46, 166, 204, 209, 246
Carlos I Stuart, rei da Inglaterra, 152-3, 159-61, 168-70
Carlos V de Habsburgo, rei da Espanha e imperador, 21, 25, 84, 179
Carlos VIII de valois, rei da França, 59, 172
Carter, Dienne, 17n
Catarina de Médici, rainha da França, 75
Cavour, Camillo Benso, conde de, 8-9, 9n, 11-3, 27-8
Chabod, Frederico, 91
Chalais, conde de, *veja* Talleyrand-Périgord, Henri de, conde de Chalais
Chapelles, François de Rosmadec, conde de, 192-3
Chevreuse, Marie de Rohan, duquesa de, 190-2, 203
Christian de Brunswick-Lüneburg, dito o Jovem, 148-50, 153, 163-4
Collalto, Rambaldo XIII, conde de, 216
Concini, Concino, 77, 83-4, 89, 94, 95-6, 98-2, 107
Condé, Carlotta Margherita de Montmorency, princesa de, 72-3

Condé, Henrique II de Bourbon, príncipe de, 46, 76-7, 82-4, 98, 100-1
Correr, Angelo, 41-2
Coton, Pierre, 49
Créqui, Carlos II de, 217
Cristiano IV, rei da Dinamarca e da Noruega, 153, 163-4, 234-5

D
d'Ornano, Giovanni Battista, 190-1
de Vigny, Alfred, 15
Denbigh, William Feilding, I, conde de, 201
Descartes, René, 193
Doni Garfagnini, Manuela, 14n, 16
du Perron, Jacques Davy, 81, 104
du Vair, Guillaume, 83-4
Dumas, Alexandre, 15

E
Elliott, John Huxtable, 14n
Épernon, Jean-Louis de Nogaret, duque de, 73, 100
Étampes-Valençay, Achille d', 191

F
Fancan, François Dorval-Langlois, senhor de, 196, 243-4
Fargis, Carlos d'Angennes, conde de, 179-81, 183-4
Fels, Leonhard Colonna von, 113
Felton, John, 201
Fernández de Córdoba, Gonzalo, 149

Fernando II de Habsburgo, imperador (Fernando da Estíria), 85-7, 90, 91-2, 108-9, 127-8, 129-30, 133-41, 147-8, 150-5, 204, 213, 239, 241-3, 245-6

Filipe II de Habsburgo, rei da Espanha, 85-6, 150-1

Filipe V, o Belo, rei da França, 24

Francisco I de valois-Angoulême, rei da França, 86-7

Frederico II de Hohenzollern, rei da Prússia, 10n, 214-5

Frederico V de Wittelsbach, príncipe eleitor do Palatinado e rei da boêmia, 94, 129-30, 134-6, 138-40, 142-3, 147-51, 152-3, 160-1

G

Galasso, Giuseppe, 10n

Galigai, Eleonora, 77

Gastão da França, duque de Orléans, 46-7, 188, 189-91, 211-2, 216-8

Ghisalberti, Alberto Maria, 12

Giardini, Cesare, 18n

Gonzaga, família dos, 46-7, 211-2

Goubert, Pierre, 24, 24n

Gramsci, Antonio, 8, 227

Guise, família dos, 76-7

Guiton, Jean, 201

Gustavo II Adolfo vasa, rei da Suíça, 160, 162, 235, 242-3

H

Habsburgo, família dos, 21, 25-6, 71-2, 74-5, 84-8, 95-6, 108-9, 124, 127-30, 134-41, 150-5, 157-9, 162, 164-5, 167-8, 170-1, 180, 187-8, 203-5, 211-4, 216, 233-7, 239-40, 243-4, 245-6

Hanotaux, Gabriel, 15, 15n, 23, 42n, 95, 225

Henrique III de valois-Angoulême, rei da Polônia e da França, 99-100

Henrique IV de Bourbon, rei da França, 21, 24-5, 35, 35n, 42, 48-50, 55-6, 59-61, 63-6, 69-77, 83-4, 87, 89-90, 96-100, 102, 103-4, 183, 190, 191, 198, 225

Henriqueta Maria da França, rainha da Inglaterra, 153, 159-60, 169-70

Hildesheimer, Françoice, 16n

Hitler, Adolf, 214-5

Hoe von Hoenegg, Matthias, dr. 130

Hugo, Victor, 15

I

Isabel de Bourbon, princesa da França, 82-3

J

Jaime I Stuart, rei da Inglaterra, 129, 136, 147, 151-2, 160-1

Joana III d'Albret, rainha de
 Navarra, 103-4
João Jorge I, príncipe eleitor da
 Saxônia, 130, 139-40, 142, 150
João Segismundo, príncipe eleitor
 de Brandemburgo, 130, 139-40
Jorge Guilherme de Hohenzollern,
 margrave e príncipe eleitor de
 Brandemburgo, 150
José, padre, *veja* Le Clerc du
 Tremblay, François

K

Kepler, Johannes, 163, 236
Khlesl, Melchior, 133
Kinsky, Ulrich, 114

L

La Force, Auguste de Caumont,
 duque de, 15
La Force, Jacques Nompar de
 Caumont, marquês e duque de,
 217
La Rochefoucauld, François de,
 81-2, 104, 107-8
La Vieuville, Carlos de, 106-7,
 158-9, 167-8
Le Clerc du Tremblay, François,
 conhecido como padre José,
 80-1, 166, 170, 196, 204-5,
 238, 242-3
Lesdiguières, François de Bonne,
 duque de, 46-7, 107-8, 158-9
Liechtenstein, Carlos I de, 154-5,
 156

Lindsey, Robert bertie, conde de,
 201
Lobkowitz, Wilhelm, 113
Luís de Bourbon, conde de
 Soissons, 46
Luís XII de valois-Orléans, rei da
 França, 59
Luís XIII de Bourbon, rei da
 França, 46-7, 73, 75-7, 82-3,
 97-9, 99-102, 103-8, 140-1,
 166, 189-90, 192, 201, 209,
 225, 227-8, 244
Luís XIV de Bourbon, rei da
 França, 24, 44, 69-70
Luynes, Carlos, marquês d'Albert,
 duque de, 84, 97-101, 105

M

Mansfeld, Peter Ernst II, conde de
 Henrique, 134-5, 136-7, 140,
 143, 147-8, 149-50, 157, 163-4,
 172-3
Manzoni, Alessandro, 21*n*, 43, 216
Maquiavel, Nicolau, 175
Maria de Bourbon, duquesa de
 Montpensier, 189-90, 191,
 211-2
Maria de Médici, 21, 23, 74-5, 77,
 85-6, 95-6, 100-1, 106, 176,
 211-2, 218-9
Maria Gonzaga, duquesa de
 Mântua e Monferrato, 211-2
Maria Stuart, rainha da Escócia, 151
Marillac, Michel de, 23, 25, 197-8,
 211, 212-3, 215-6, 218-20,
 221-6, 228-9

Martelli, Fabio, 19n
Martinic, Jaroslav bořita de, 113-5
Matias de Habsburgo, imperador, 85-7, 108-10, 133-4, 137
Maurício, conde de Nassau e príncipe de Orange, 134, 140, 233
Maximiliano I de Wittelsbach, duque, depois eleitor da Baviera, 130-1, 135-6, 142, 147-8, 153, 160-2, 239-40, 241-2
Maximiliano II de Habsburgo, imperador, 86
Mayenne, Enri de Lorraine, duque de, 46, 101
Mazarino, cardeal (Jules Mazarin), 24-5, 229, 244-5
Médici, família dos, 211-2
Montagu, Walter, 204
Montmorency, família dos, 46-7
Montmorency-Bouteville, François de, 192
Mousnier, Roland Émile, 225, 225n, 226

N

Napoleão Bonaparte, imperador dos franceses, 24
Napoleão III, imperador dos franceses, 214-5, 245
Nevers, duque de, *veja* Carlos I de Gonzaga-Nevers

O

Oldenbarnevelt, Johan van, 136

Olivares, Gaspar de Guzmán, conde-duque de, 14, 14n, 151-2, 181-3
Orléans-Longueville, Enrico II de, 207

P

Pagès, Georges, 222n, 226, 228n, 229
Pannunzio, Mario, 7n
Parri, Ferruccio, 7n
Paulet, Carlos, 61
Pescosolido, Guido, 7-31
Porchnev, Boris, 226
Puysieulx, Pierre Brûlart de, 89-90, 106

R

Ravaillac, François, 73
Ričany, Pavel di, 113-4
Richelieu, Henri du Plessis de, 98
Rodolfo II de Habsburgo, imperador, 86
Rohan, família dos, 46-7, 101-2
Rohan, Catherine de Parthenay, duquesa de, 200-1
Rohan, Henri II, duque de, 76-7, 104, 105, 106, 166
Rohan-Soubise, beniamino, duque de Fontenay, 166, 170, 209
Roveri, Alessandro, 18-9, 19n
Rucellai, Luigi, 107

S

Saboia, família dos, 93-4

Saint-Cyran, Jean Duvergier de Hauranne, abade de, 80
Schomberg, Henri de, 94-6, 200, 217
Sereni, Emilio, 8
Sigismundo III vasa, rei da Polônia e da Suíça, 162, 234-5
Signorile, Claudio, 11
Signorino, Mario, 7n, 11
Sillery, Nicolas Brûlart de, 73, 83-4, 89-90, 106
Silvani, Mario, 18, 18n
Slavata, Vilém, 113-5
Šlik, Jáchym Ondřej, 146-7
Soissons, conde de, *veja* Luís de Bourbon, conde de Soissons
Soubise, *veja* Rohan-Soubise, Beniamino, duque de Fontenay
Spadolini, Giovanni, 10n
Spini, Giorgio, 10
Spinola, Ambrogio, 128-9, 139, 140, 142, 147-50, 172-3, 216
Stuart, família dos, 199
Sully, Maximilien de Béthune, duque de, 20n, 64, 69-70, 73, 75-6, 198

T
Talamo, Giuseppe, 17n, 18n, 205n
Talamo, Nina, 17n, 18n
Talleyrand-Périgord, Henri de, conde de Chalais, 183-4, 188, 190-1
Tapié, victor-Lucien, 11, 11n, 16n, 17-8, 18n, 113

Thiers, Marie-Joseph-Louis-Adolphe, 245
Thurn-valsassina, Enrico Matteo, conde de, 112-4, 133, 139-40, 143, 146-7
Tilly, Johann Tserclaes, conde de, 135-6, 140, 143, 149, 153, 160, 162-5
Toiras, Jean du Caylar de Saint-Bonnet, 166, 200
Toledo, Fadrique de, 204
Tramontana, Salvatore, 10n
Turgot, Jacques, senhor de Saint-Claire, 221-3

U
Urbano VIII (Maffeo Vincenzo Barberini), papa, 158

V
Valençay, senhor de, *veja* Étampes-Valençay, Achille de
Valeri, Nino, 11
Valois, família dos, 46-7
Valois-Angoulême, Carlos, duque de, 46-7, 141
Vendôme, Alessandro de Bourbon, irmão de César, 101, 190-1
Vendôme, César de Bourbon, duque de, 46, 190-1, 197
Vere, Horace, barão de Tilbury, 147
Vicente II Gonzaga-Nevers, duque de Mântua, 204

Villeroy, Nicolas de Neufville, senhor de, 77
Violante, Cinzio, 9n
Vítor Amadeu i, duque de Saboia, 230
Vitry, Nicolas de L'Hôpital, marquês de, 98

W
Wallenstein, Albrecht Wenzel Eusebius von, 156, 162-5, 187-8, 233-42

Z
Žerotín, Karel, 139

SOBRE O LIVRO

Formato: 14 x 21 cm
Mancha: 23 x 44 paicas
Tipologia: Venetian 301 12,5/16
Papel: Off-white 80 g/m² (miolo)
Cartão Supremo 250 g/m² (capa)
1ª edição Editora Unesp: 2021

EQUIPE DE REALIZAÇÃO

Edição de texto
Tulio Kawata (Copidesque)
Marcelo Porto (Revisão)

Capa
Marcelo Girard

Editoração eletrônica
Eduardo Seiji Seki

Assistência editorial
Alberto Bononi
Gabriel Joppert

Impressão e Acabamento